Ett steg i taget

Ett steg i taget

Ett stort tack till:

Ambulanspersonalen: Utan er hade inte Gilla överlevt.

NIVA i Lund samt CSK i Kristianstad: För den utomordentliga vården.

Barnrehabiliteringen i Lund och Kristianstad: Utan er hade Gilla inte varit där hon är i dag.

Lizzy: För att du fanns vid min sida hela tiden fast du hamnade i skymundan. Älskar dig.

Mina föräldrar: För att ni tog hand om Lizzy och alla djuren. Jag kan inte förklara hur mycket det betydde.

Thomas: För att du körde mig till akuten och sen gick igenom boken och hjälpte mig fixa till den.

Nettan: För att du följde med Gilla i ambulansen så att hon slapp ligga där själv.

Alla andra som stöttat oss i den här processen.

Camilla Johansson

Ett steg i taget

Ett barns kamp för att ta sig tillbaka till ett normalt liv.

Foto: **Bella Ljungberg**
Redigering: **Jimmy Janzon**
Ytterligare medverkande: **Gunilla Svensson, Anna Gand-
sjö, Jonas Andersson**

Förlag: BoD - Books on Demand Stockholm, Sverige
Tryck: BoD - Books on Demand, Norderstedt, Tyskland
ISBN: 978-91-7699-178-7

Den 26 april 2006 blev min yngsta dotter Gilla påkörd av en bil när hon cyklade hem från skolan. Hon blev allvarligt skadad och för att orka ta mig igenom dagarna skrev jag en liten dagbok/blogg. Det var en bra hjälp för att få ur mig alla känslor och som terapi. Jag publicerade den i ett nätforum (Lunarstorm) för att alla vi känner skulle kunna följa vad som hände och för att hennes syster Lizzy skulle slippa svara på en massa frågor. Jag ville bespara henne det. När jag fick förfrågan om jag inte kunde ge ut min text som en bok för att hjälpa andra föräldrar i samma situation började jag tänka igenom det.

Resultatet har blivit följande sidor. Jag har valt att ta med kommentarerna jag fick på forumet, för de betydde väldigt mycket för mig, Gilla och Lizzy. Jag har även valt att låta allt vara precis som jag skrev det. Detta bara för att försöka få fram känslan av hur jag mådde och i vilket förvirrat tillstånd jag befann mig. Eftersom jag har valt att behålla boken i det skicket som jag skrev bloggen så finns det grammatiska fel, syftningsfel osv men det får ni på köpet. ☺ Med andra ord, det är ingen roman utan det är precis som det var just då. Inga omskrivningar eller ändringar.

När allt det här hände var jag själv med mina döttrar Lizzy, 13 år och Gilla 11 ½ år samt hundarna Hector, Bella och Busan, av rasen Puli. Det innebar att jag fick försöka ordna och lösa allt själv på bästa sätt. Med hjälp av mina föräldrar lyckades jag rätt bra. Utan dem hade det inte gått.

Vid frågor eller respons på boken går det att nå oss på c_johansson70@hotmail.com

Tors 27 apr 2006

Onsdag kl. 14.55 ringer min mobil och Nettan säger bara att jag ska ta mig till akuten i Kristianstad. Gilla har blivit påkörd. Min första tanke var lever hon? Vägen har aldrig tagit så lång tid från Bromölla till Kristianstad innan fast jag misstänker att Thomas körde fortare än han fick.

Väl inne på akuten fick jag inte träffa henne. De körde bort mig från korridoren när de sprang med henne till röntgen. När vi väl fick träffa läkaren fick vi beskedet att det var mycket allvarligt. Hon hade småblödningar i hjärnan och det fanns risk för att hon kunde dö. Ett operationsteam stod redo i Lund.

Långt om länge kom taxin och vi kunde åka till Lund. Väl där fick vi äntligen komma in till henne. (Usch jag skakar så mycket just nu så jag kan knappt skriva). Hon låg nersövd och i respirator. Än hade det inte blivit någon operation men hon skulle ner till röntgen. Efter många långa timmar kom ortopeden upp och berättade att båda benen var brutna. Det ena var lite värre för där hade benpiporna stuckit ut. Höften hade klarat sig vilket de inte trodde i Kristianstad. På natten gipsades hon och de rakade av allt håret och satte en tryckmätare i hjärnan. Direkt vid behov skulle de öppna skallbenet.

Just nu är läget stabilt men de befarar hjärnskada eftersom höger öga inte reagerar och vänster öga är trögt. Det ena benet ska de operera så fort hjärnan tillåter det. Nu tar vi bara en timme i taget. Allt kan hända på minuten. I morgon ska hon ner på magnetröntgen så får vi se vad det säger.

I dagsläget vet vi inte hur länge hon kommer att ligga sövd. Det kan vara allt från en dag till tre veckor. Efter det kommer hon att väckas upp sakta och det kan ta allt i från en timme till två veckor. Det beror på hur hjärnan reagerar. För tillfället ligger hon på NIVA, Neurologiska intensivvårdsavdelningen, i Lund och jag bor på Ronald McDonalds huset.

Ett stort tack till alla som tänker på oss. Ni får gärna höra av er om ni undrar mer. Av naturliga skäl kommer jag inte att finnas här inne så mycket men jag ska försöka titta in emellanåt.

Kram på er alla...

sparka_danne P31 Från Göteborg fan va jobbigt....tänker tillbaka när min bästa polare blev påkörd -94 de.va fan inte skoj...men hoppas att hon mår bra nu iaf....kramar

Mimett F41 Från Grimslöv Åh, så tragiskt...hoppade till den här första delen ifrån den sista.... Det måste ha varit

lååååånga dagar för er alla....... Är hon hemma nu....?
Kram Miriam

raggaren_v8 F12 Från Fjälkinge stakars dig gilla.. du bityder...och så mycket du har fåt stå ut med det är hellt fantastikt...sen den dagen jag så dig gå är den bästa dagen för mig och säker andra...hoppas du blir hellt återstäld...puss puss

SilentTezz F30 Från Skellefteå Man tror aldrig att man ska få ett sånt där samtal, men tyvärr drabbar det alltid någon. Jag lider med din familj. Nu vet jag ju efter att ha läst din blogg att hon klarat sig och det är jag glad för, det är inte altid det slutar så tyvärr, vet av egen erfarenhet.

Fre 28 apr 2006

Idag blev det en jättekris. Gilla fick plasma för att det inte skulle blöda så lätt. Strax efter fick hon en allergisk reaktion och trycket som brukade ligga på mellan 65 och 70 gick ner till 29 och hon svullnade upp och fick stora flammor över hela kroppen. Det var så illa att till och med en av sköterskorna blev skakis. Som tur var kunde läkaren häva det jättesnabbt.

Hennes rumskompis och hon har samma musiksmak. Hans fru har rena discot på rummet. ☺ Vi hoppas att det hjälper dem båda att vakna upp.

Febern går upp och ner hela tiden.

Idag var hon på magnetröntgen. Tyvärr visade den blödningar i hjärnan. Läkarna kan i dagsläget inte säga om hon blir helt frisk eller hur det blir. Vi hoppas på det bästa.

Kl. 14.30 idag plockades sömnmedlet bort. Nu hänger det helt på Gilla om eller när hon vaknar. Det kan vi inte alls säga något om.

Det hände några rätt roliga saker idag. När rumskompisens fru spelade en låt sa jag till Gilla att det var ju en låt som hon gillar jättemycket och just då tryckte hon till lite med tummen. Jag vet inte om det var en reflex eller om det var medvetet. Nästa sak var när de skulle borsta tänderna på henne. Inte ens på sjukhuset kommer de undan det. ☺ När de började borsta bet hon ihop så mycket att hon klämde ihop respiratorslangen. Det var ju i och för sig inte bra eftersom det är den som andas åt henne men jag hoppas att hon gjorde det för att hon tyckte det var jobbigt. Då tyder det ju på att hon håller på att vakna upp.

Är det nu någon som känner att de vill komma ner och hälsa på Gilla så är det helt ok. Linas mamma har numret hit. Det är bara att höra av er. Och om någon vill skicka kort eller något så går det också jättebra. Då skriver ni till:
Camilla Johansson/Gilla Johansson

Ronald McDonald Hus

Kioskgatan 1:1

Universitetssjukhuset

221 85 Lund

Lör 29 apr 2006

I morse när jag kom upp på avdelningen tittade Gilla och sträckte upp armarna för att kramas. Har aldrig blivit så glad i hela mitt liv och aldrig gråtit så mycket.

Hennes båda morbrödrar och deras sambo/fru var och hälsade på idag och min kusin Jeanette var också här. Det börjar bli trångt i Gillas säng av alla mjukisdjur som hon får men det känns bara bra. ☺

Hon gillar inte när de suger rent munnen för då börjar hon gråta. Men det är ju jätteäckligt när de kör in en slang och börjar suga så jag förstår henne. Hon hade lite ont med för hon rynkade pannan lite emellanåt.

Idag fick jag se bilderna från magnetröntgen. De visade att hon har ett par blödningar i hjärnan. Den ena gör att hon har jättesvårt att vakna upp ur sin medvetslöshet och den andra gör att hon kan få svårt med vänster sida (vänster hand och ben bl.a.) Hur mycket/lite vet vi inte men läkaren var positiv eftersom hon är så ung.

När jag kom upp igen efter den petfria tiden hade de varit tvungna att söva henne igen för hon blev så stressad när personalen rörde vid henne. Hon är inte lika djupt sövd som innan och jag vet inte hur länge hon kommer att vara sövd den här gången. Det kändes lite tungt men samtidigt är det bra för Gilla att få vila hjärnan. De hade även försökt koppla bort respiratorn och få henne att andas själv men det gick inte. Hon klarar inte att andas än så de fick koppla in respiratorn igen. En positiv sak var att när de kollade ögonen så började hon reagera jättelite med ögat som inte alls har reagerat innan och det är ju ett framsteg. Läkarna vet inte varför ögat är som det är. De kan inte hitta någon förklaring på det.

Lite kul hade vi på rummet idag. Alla hennes mjukisdjur låg uppradade längs sängkanten när de skulle vända på Gilla. När de hissade sängen rörde djuren på sig och det tyckte den ena systern såg så roligt ut så hon hissade sängen upp och ner flera gånger och alla skrattade. Kändes rätt skönt. Hon lyssnar mycket på sin cd-spelare och en annan av systrarna tyckte hon hade så bra musik i den så hon tog den andra hörsnäckan och stod och diggade.

Det slutade med att Gillas hörsnäcka trillade ut och hon blev utan musik. ☺

Det verkar som om hon vet att man är där för hon blir mycket lugnare när jag pratar med henne och jag sa till henne att hon skulle krama min hand om det gjorde ont när de bytte nålen och det gjorde hon.

Tänkte berätta lite hur hon ser ut:

Hon har bandage över hela huvudet som ska hålla fast tryckmätaren som sitter där. De har tyvärr fått raka bort allt håret men jag hoppas att ingen kommer att reta henne för det. Hon har en slang i näsan där hon får näring och lite mediciner. I munnen har hon en slang som är kopplad till respiratorn som andas åt henne och så har hon ett rör där de suger ut slemmet som bildas i munnen och halsen. På händer och armveck har hon nålar där en massa slangar är inkopplade för att ge henne mediciner och sömnmedel. I början hade hon halskrage men den har de plockat bort nu eftersom nacken hade klarat sig. Båda benen är gipsade med lila gips ända upp. Det ena benet har även ett vitt bandage eftersom de har sågat ett lock i gipset för att kunna titta efter så att benet inte svullnar. Sen har hon ett litet skrubbsår på ena kinden. Nu kan det här låta jätteotäckt men det är det inte och ni ska tänka på att allt det här är för att hjälpa Gilla att bli frisk.

En annan sak jag bara måste berätta om är hissarna på sjukhuset. En hiss ser ut som en båt med sådana "fönster" som båtarna har. Man kan nästan tro att om man öppnar dem så ser man havet. En annan hiss ser ut som ett stall. Där är hästar, boxar och hästarnas namn under. En tredje hiss har jag inte riktigt kommit på vad den ska föreställa än men den är jättefin.

Jag vill tacka alla som tänker på oss och skickar alla fina meddelanden. Det känns jätteskönt att så många bryr sig!

CaVeBiTcH F24 Från Eslöv dom hissarna har man åkt mycket i.. Känner även igen bandage runt huvudet, respirator..Ja allt. det är inget man önskar att man sett.

Sön 30 apr 2006

Nu känner jag att jag håller på att kollapsa. I morse tog jag på mig skorna och sen vet jag inget mer förrän jag stod vid huvudentrén. Det är tur att benen vet var de ska. Så fort jag lämnar avdelningen så skakar jag så mycket att jag knappt klarar av att hålla något men för Gillas skull måste jag hålla ut.

Idag tog de prover på hjärnan och sen plockades tryckmätaren bort. Då togs även allt bandaget bort och hon har ett plåster på huvudet. Det gjorde ont för hon grät jättemycket fast hon var sövd. Vi skämtade lite med henne och sa att hon ser ut som Sinead O´Connor (en känd sångerska) Jag tänkte att jag skulle leta upp bilder på kändisar som inte har något hår och hänga upp vid sängen så hon inte behöver känna sig så utsatt. Läkaren sa att han var ju också utan hår och då sa jag att vi fick ta ett foto på honom med och hänga där. ☺

De har även provat att ta bort sömnmedlet så vi får se om det lyckas bättre den här gången. Jag hoppas det men för Gillas skull är det nog bättre att hon får sova så mycket som möjligt. Hon är fortfarande medvetslös men hon märker att man är där.

Hon har stora problem med jättemycket slem i lungor, mun och näsa och var gång de suger upp det börjar hon gråta. Det är mycket jobbigare att se henne gråta än att se henne med alla slangar och sådant. En gång när de sög upp slemmet spottade hon ut tuben som ska hålla munnen öppen och sen bet hon ihop så mycket att det inte gick att få in den igen. Då biter hon ju även ihop respiratorslangen och det är ju inte alls bra. Hon fick lite lugnande och jag vet inte om det var det eller om det var för att jag bad henne öppna munnen som hon gjorde det.

De har fortfarande problem med att borsta tänderna på henne. Det går hon inte alls med på.

Heshow och Martin var och hälsade på henne idag. De hade med sig en jättestor nalle och hjärtformade ballonger. På kvällen blev alla i rummet så fnittriga när en av sköterskorna påpekade att ballongerna såg ut som rumpor och när en annan kom på att ballong och balle (rumpa) lät nästan likadant bröt alla ihop av skratt. Ibland bara måste man tramsa sig så för att orka stå ut.

Ibland när jag sitter vid sängen och tittar på henne tänker jag att det inte är min lilla Gilla som ligger där och att det inte är jag som sitter på stolen. Allt är bara en mardröm men tyvärr är det ju inte så.

Både jag och Gilla tackar jättemycket för alla meddelande och kommentarer som vi får. Det känns jätteskönt att så många bryr sig. Jag försöker svara på alla så gott det går. I förrgår satt jag 1 1/2 timme och bara svarade och igår en timme. Idag blir det nog lite mer. Än en gång tack till alla.

Mån 1 maj 2006

Idag hade Gilla verkligen fått sköterskorna att springa på morgonen. Hon var så irriterad på respiratorslangen att hon försökte dra ut den själv. De fick springa fort som bara den för att hinna fram och stoppa henne.

Ögat reagerade inte igen i morse. Men på kvällen reagerade det lite.

16

Respiratorn togs bort idag för hon nästan kräktes av den så nu andas hon själv. Det var jättejobbigt att se när de tog den för det såg ut som om hon skulle kvävas innan andningen gick igång som den skulle. Än verkar hon klara det. Först fick hon en syrgasmask för att få extra syre men hon var så irriterad på den så de bytte ut den mot en slang som sattes en jätteliten bit in i näsan.

Hon har varit väldigt sur hela dagen idag men jag tror att det är för att hon har ont. Emellanåt snarkar hon så det ekar i hela rummet och ibland låter och uppför hon sig som kungen i Robin Hood när de tar hans pengar. Det såg och lät så roligt så jag var tvungen att springa ut för jag höll på att kissa ner mig som jag skrattade.

Hon är väldigt orolig hela tiden och håller mig så hårt i handen att mina fingrar är alldeles blåa. Men hon lugnar sig rätt fort när jag lägger mitt ansikte mot hennes. Hon tittar bara med det ena ögat men kan inte fästa blicken utan stirrar bara rätt ut. Jag försöker ställa mig så att hon tittar på mig.

Lina, Julia och deras mammor var och hälsade på idag. Det var jätteskönt för alla. Jag tror att Lina och Julia verkligen behövde det och jag vet att Gilla blev jätteglad för att de kom. De hade med sig presenter, kort och teckningar från dem och Julias lillasyster Rebecka.

Sen kidnappade de mig för att vi skulle ut och äta. När vi skulle åka ner med hissen tänkte vi ta båten 10 våningar ner men det hjälpte inte hur många gånger vi än tryckte på knappen för det kom bara de tråkiga hissarna. Tillslut tog vi stallet ner. ☺

Sen åkte vi till en kinarestaurang och åt. Lina och Julia fick små orkidéblommor på sina tallrikar. Jag frågade kyparen om jag inte kunde få en sån till Gilla med. Då kom hon med en hel kvist som jag satte i vasen hos Gilla. Sen åkte vi till Lunds domkyrka där Lina och Julia tände ljus till Gilla och slängde pengar i önskebrunnen och önskade att hon skulle bli bra.

Ambulanspersonalen hade glömt att ge Gilla en nalle i ambulansen så nattsköterskorna hade tiggt till sig en av ambulanspersonalen från Trelleborg. Det blev en liten koala. Doktorn sa idag att det var bäst att Gilla vaknade fort innan hela sängen svämmade över av mjukisdjur. ☺

Kram på er alla

Camilla, Gilla och Lizzy

Tis 2 maj 2006

När jag kom upp på avdelningen i morse var Gilla jätte-livlig med armar och ben. Det gällde att vara på helspänn och få tag i händerna när hon var på väg att rycka ut sond-slangen ur näsan.

Nu har de tagit bort syrgasen med så hon har bara en sondslang i näsan och en slang i handen. Det är jättejobbigt att se när hon fäktar så och veta att hon inte är medveten om vad hon gör.

Hon har tittat jättemycket idag med det ena ögat men hon kan inte riktigt fästa blicken. Man måste böja sig fram så man kommer framför ögat.

Arbetsterapeuten var där idag och tittade till henne. När hon bad Gilla att ta tag i sin nalle så gjorde hon det. Jag tror att Gilla tittade mot henne med när hon bad om det.

De tog nya röntgenplåtar på hennes ben och som det ser ut nu ska hon operera benet i morgon och sen blir vi antagligen förflyttade till Kristianstad så fort det går. Hon var jätteduktig när de röntgade och låg stilla när jag bad henne.

Sen kom ortopeden och tittade på benet som är värst skadat. Svullnaden hade lagt sig jättefint. Sist hon var där hade benet tydligen varit jättesvullet.

Sjukgymnasten var också där en runda och mjukade upp hennes leder lite.

Hon är fortfarande väldigt borta men när jag lägger min hand mot hennes kind och näsa så blir hon genast lite lugnare. Ibland letade hon t.o.m. upp min hand för att hålla i den.

Malin, en kompis till mig, var och hälsade på. Hon blev jätteglad när Gilla letade upp hennes hand och höll om den.

På eftermiddagen plockade sköterskorna fram en isglass som de fuktade hennes läppar med och stoppade in lite i munnen för att hon skulle känna smaken. Det märktes att hon tyckte det var jättegott.

Det är fortfarande problem när de ska borsta tänderna på henne. Hon biter ihop som bara den och vägrar öppna munnen.

Kom på att jag har glömt att berätta en rolig sak. En dag råkade jag titta in i rummet bredvid och såg tre sköterskor uppföra sig väldigt konstigt. Det såg ut som om de höll på med nån slags ringdans. När jag tittade lite mer började jag gapskratta för då visade det sig att alla tre stod på samma lilla handduk och försökte torka upp något som de hade spillt på golvet. Det såg urkul ut.

Nu på kvällen när jag stod och pratade med Gilla vände hon ögat mot mig och det kändes så skönt. Men sen passade jag på att smita när hon hade somnat så hon kunde få lugn och ro.

Ons 3 maj 2006

Jag ska börja med ett litet förtydligande. Enligt ryktet hade Gilla slutat andas vid olyckan så de fick göra hjärt/lungräddning. Det stämmer INTE. Vad som gjordes var att de satte en tub i halsen på henne för att hon skulle kunna andas lättare. Det är väldigt vanligt att de gör det.

Anledningen till att hon låg i respirator var att när man är så djupt sövd så klarar man inte av att andas själv utan behöver en respirator. Den tas bort så fort patienten är så pass "vaken" att den klarar av att andas ordentligt själv.

Det har varit en relativt lugn dag. Gilla har inte varit så orolig idag som de andra dagarna. Hon tittar upp jätte-mycket med det ena ögat och så fort jag ställer mig fram-för så hon ser mig blir hon lugn och somnar till igen. Men det är jättejobbigt att se när hennes lilla kropp kämpar så att svetten bara rinner om henne.

Lizzy, mormor och morfar har varit och hälsat på. Lizzy hade varit jätteduktig och plockat ihop Gillas älsklingssa-ker och andra saker som inte jag har tänkt på. Lizzy hade även med sig alla teckningar och brev från skolan. Jag måste säga att jag grät av lycka när jag tittade på alla de fina breven och teckningarna. Jag vet att Gilla kommer att bli jätteglad och vi kommer att ha nytta av dem i hennes rehabilitering sen. Vi vill tacka så jättemycket för dem och för alla meddelanden och allt stöd. Det hjälper Gilla jättemycket.

Idag var det bestämt att hon skulle operera benet kl. 11.00 sen blev det ändrat till 14.00. 14.30 hade hon rullats ner för operation. Väl nere upptäckte de att de var tvungna att operera båda benen. Det "bra" benet hade tryckts ihop så de var tvungna att dra ut det och sen binda ihop det. Det är gipsat upp till ljumsken igen. Det "dåliga" benet har de satt en skruv i och på det har hon inget gips. Operationen gick jättebra men det var de längsta timmarna i hela mitt liv. Jag visste ju bara om att de skulle operera det ena benet. Ni kan bara ana hur många tankar som snurrade i mitt huvud om vad som kunde ha hänt eller om något hade gått fel eftersom det tog så lång tid. 19.30 rullades hon upp på salen igen och sov som en stock. Hon behöver sova mycket nu så att allt får läka ordentligt.

Händer det inte något nu under natten eller det blir fullt på avdelningen i Kristianstad så kommer vi att få flytta dit i morgon. Bara det är ett stort steg att de vågar släppa Gilla härifrån. Och det känns jätteskönt för då vet jag att det bara går framåt. Nu vet jag inte om jag har tillgång till dator i Kristianstad så jag kan uppdatera bloggen något mer men jag hoppas det. Eftersom vi nu blir flyttade ber jag er att inte skicka kort och brev hit till McDonalds huset i Lund utan vill ni skicka något så kan det skickas direkt hem till oss så ordnar Lizzy så att det kommer till Gilla.

Tack för allt stöd, presenter, mail och meddelanden. Det värmer verkligen och hjälper Gilla när hon ska kämpa sig tillbaks till sitt gamla liv igen. Och jag hoppas verkligen att jag kommer åt en dator i Kristianstad så jag kan fortsätta bloggen.

Sen vill jag be alla Lizzys och Gillas kompisar om en jättetjänst. Ta väl hand om Lizzy för det behöver hon verkligen nu. Försök låta bli att fråga henne så mycket utan låt henne själv berätta när hon känner att hon vill och klarar av det.

Javisst ja... Jag måste ju berätta lite kul grejer med. Igår fick Gilla ett sånt tag om mitt finger att hon höll på att bryta det. Sköterskan fick springa fram och bända loss Gillas fingrar. Hon har ju ingen styr på armar, ben och styrka nu så hon märker inte hur hårt hon tar. Men vad är ett finger i det här läget? Inte ett dugg.

Sen gjorde jag en klantig grej i morse som man absolut inte ska göra. När jag kom till huvudentrén så stod där en kranbil. Nyfiken som jag är skulle jag ju kolla vad den gjorde. Jag kollade upp (12 våningar) samtidigt som jag gick i trappan. Ni kan ju själva tänka er hur korkat det är.

Jag höll på att sätta mig på häcken. Det var precis att jag klarade att hålla balansen. *Skratt*

Tors 4 maj 2006

Jösses vilken skrämselhicka jag fick i morse när jag kom in på salen och Gilla var borta. Min första tanke var om de redan hade kört henne till Kristianstad. Sen kom jag på att det skulle de inte göra utan att meddela mig. Sekunden efter började jag tänka om något allvarligt hade hänt. Jag bara kände all färgen försvinna från ansiktet sedan sa sköterskan att hon var hos ögonläkaren. Vilken lättnad.

Vad de säger så är det blödningen i hjärnan som gör att hon inte öppnar ögat. Vad det blir av det i framtiden kan de inte säga. Min förhoppning är naturligtvis att det rättar till sig.

Flytten till Kristianstad gick bra. Vi tiggde till oss ytterligare en nalle från ambulansen. ☺

Nu äntligen får jag bo i samma rum som Gilla. Det känns jätteskönt. Det var rätt jobbigt att behöva sova på ett annat ställe innan.

När jag visade henne den stora gröna grodkorgen som Lizzy hade köpt tittade hon på den. Och när jag visade henne BWO tröjan som de skickade ihop med den signerade skivan så tittade hon med jättemycket. Hon är fortfarande jätteborta men hon följer mig mer med blicken nu när hon tittar.

Hon hade rätt hög feber när hon kom till Kristianstad. Men det är ju inte konstigt så som kroppen jobbar. Svetten rinner fortfarande av henne.

När jag satte på hennes Nanne Grönwall-skiva lugnade hon sig rätt snabbt. Och nu har hon sovit en bra stund. Det var jättelänge sen det hände. Hon brukar bara somna till och sen vakna direkt igen.

Jag kom på att jag glömt tacka Lina, Julia, Gunilla och Anna för toppendagen. Det var verkligen vad som behövdes alla dessa skratt...

Det första jag frågade när jag kom till Kristianstad var om här fanns någon dator jag kunde låna. De var så snälla och lovade att jag fick låna lekterapins dator så nu kan jag fortsätta bloggen som tur är. ☺

Annars har det varit en rätt lugn dag. Nya intryck är alltid jobbigt så jag är rätt trött nu. Värre blir det i morgon när alla läkare och alla andra ska komma och titta på Gilla. Men det är bättre det så hon får den allra bästa vården från alla håll och kanter.

Fre 5 maj 2006

När jag kom tillbaks till rummet igår efter att ha uppdaterat bloggen var Gilla alldeles kritvit i ansiktet och hade nästan 40 graders feber. Jag tyckte att det var konstigt redan innan att hon låg still, inte tittade upp någonting alls eller hade ljud för sig men inte kunde jag tänka mig att hon hade så hög feber. De har fortfarande inte fått ner den utan den är lika hög och de vet inte vad det beror på. Hon får febernedsättande medicin och vi har en fläkt på rummet för att kyla ner henne men inget hjälper. Jag hoppas det släpper tills i morgon.

Jag hade bestämt med min mamma att hon skulle ringa och väcka mig vid sju-tiden om morgnarna så jag hinner duscha och förbereda mig innan ronden. I morse vaknade jag och kom på att telefonerna kanske inte sätts igång förrän vid åtta-tiden så jag kollar min klocka. Ve och fasa hon var kvart i åtta. Jag rusade upp, rafsade åt mig lite kläder och sprang in i duschen. På vägen in tyckete jag det är konstigt att inte fler var uppe och en sköterska tittade jättemysko på mig. Jag snabbade mig i duschen för att hinna in på rummet så inte Gilla skulle störas av telefonen. När jag kom ut ur duschen kollade jag klockan i korridoren. Den visade på halv tre. Jag hade alltså vänt min klocka upp och ner när jag kollade tiden. Istället för kvart i åtta var hon kvart över två på natten. Gissa om sköterskorna skrattade. Det var bara att gå och lägga sig igen. ☺

Det är en väldig skillnad på att ligga i Lund och här. I Lund fick jag inte hjälpa till med något utan jag fick gå ut ur rummet så fort något skulle göras. I morse fick jag tvätta Gilla för första gången. Kändes jättekonstigt men samtidigt kanonskönt att äntligen få göra något för henne.

Något annat som känns väldigt overkligt är när de nämner hjärnskador och Gilla i samma mening. Jag har inte riktigt fattat att hon har hjärnskador. Hur allvarliga vet vi ju inte men ändå. Känns fruktansvärt skrämmande. Jag vill inte tro att det är min lilla Gilla de pratar om.

Sjukgymnasten var och mjukade upp Gillas muskler och visade mig hur jag skulle gymnastisera henne. Då small en av ballongerna. Den enda som inte flög i taket var Gilla. ☺

Berit från mitt jobb kom och hälsade på. Kändes jätteskönt när hon kom. De hade samlat ihop till ett presentkort till Gilla. Ni kan ju bara tänka er hur hon ska frossa med det när den tiden kommer.

Det har varit mycket sjukhusfolk hos oss idag. Kuratorn kom och presenterade sig och berättade om allt det praktiska hon kan hjälpa till med. Sen kom ortopeden och tittade lite. Gillas vänsterben och lungor röntgades idag. Lungorna röntgades bara för att se så att hon inte fått lunginflammation. Det är lätt hänt när man ligger så. På måndag kommer de med en skena till högerfoten. Hon ska ha den för att räta ut foten lite. Hälsenan krymper när man bara ligger stilla.

Ikväll togs odlingar på operationssåren för att se så där inte är några bakterier. Hon var jätteduktig.

Eftersom hon har så hög feber har hon bara tittat upp en enda gång idag. Hon har sovit resten av tiden.

Jag provade att låta henne smaka lite glass men eftersom hon är så borta av febern så gick det inte. Nu håller jag bara tummarna att den släpper så vi får ut fläkten ur rummet. Jag håller på att frysa ihjäl där. Men för Gillas bästa så får jag stå ut.

Lör 6 maj 2006

Febern har äntligen gått ner lite och ligger på strax över 38 grader. De trodde att febern berodde på all antibiotika som hon har fått och nu när den har börjat gå ur kroppen så minskar febern.

Vi gympar rejält nu för att inte musklerna ska dra ihop sig. När vi körde första passet sträckte Gilla ut armen rejält. På kvällen överraskade hon oss med att själv gympa vänsterarmen. ☺

Johanna från mitt jobb kom och hälsade på idag. Hon hade en skittuff keps med sig som Gilla kan ha när hon väl får börja komma ut.

Idag har Gilla tittat lite mer. För det mesta är blicken helt tom men ibland ser man en liten livsglimt. En sån kom fram när hon såg alla teckningarna och korten som ni har gjort till henne. De fyllde nästan en hel vägg. Tänk vilken nytta vi har av dem nu. ☺

Vi har börjat ha henne i lite halvsittande ställning nu och när hon satt så passade jag på att ge henne lite glass. Det gick inte alls bra. Hon ville inte öppna munnen så jag kunde sätta den på tungan så hon kunde känna smaken.

Ortopeden var här och berättade att den ena ståltråden i vänsterbenet hade lossnat. Den andra satt bra så i nuläget kommer inget att göras åt det.

De har tagit odling i näsan på henne för att se så att hon inte har några infektioner. När de gjorde det försökte hon flytta sig för att komma undan det. Jag blev jätteglad när jag såg det för då visade hon att hon tyckte det var obe-hagligt. Hon har också rört huvudet ett par gånger. Det är första gången sen olyckan. För oss är det ett stort steg framåt.

Ögonläkaren var här idag igen och tittade på hennes ögon. Synnerven är inte svullen och det är bra. Det tyder på att ögonen är som de ska fast hon inte öppnar högerögat.

Nu börjar det bli läge för att kompisar ska komma hit och hälsa på. Det är en stor bit i hennes rehabilitering så hon kommer tillbaks till verkliga livet. Är det någon som vill komma och hälsa på så bara säger ni till Lizzy när ni vet vilken dag det blir. Inte fler än två åt gången för annars blir det för tröttande för Gilla. Hon är ju fortfarande inte vaken men hon är medveten om att man är där.

Just nu är jag inne in en sån period att så fort jag sätter mig somnar jag. Fast det är i och för sig inte så konstigt. Gilla har ständig nattvakt. Tänk er själva hur det känns för mig att försöka sova med en vilt främmande människa som sitter och tittar på. ☺

En tjej som vi känner går på Milnerskolan och gör sin praktik här på avdelningen. De ska skriva ihop något om någon patient och hon frågade om hon fick skriva om Gilla. Självklart fick hon det.

Ska göra en liten ändring. Oavsett vad jag har sagt till några innan så ligger hon på avd. 43 sal 8. Har tydligen råkat säga sal 9 till några. Är väl lite virrig emellanåt. ☺

Sön 7 maj 2006

Nu börjar Gilla få mer och mer ont. Det märks för hon rynkar pannan lite då. Har aldrig känt mig så maktlös i hela mitt liv för att jag inte kan ta bort det onda och hjälpa henne.

När vi skulle bädda rent i sängen idag såg det nästan ut som om hon låg och småflinade åt våra problem hur vi skulle fixa det så det blev mest skonsamt för henne. Det är inte världens lättaste att bädda rent sängen när hon ligger där men tillslut gick det. ☺

I morse kom det upp en personal och frågade sköters-korna om de hört att det brann på plan 4. Just den våning vi bor på. Jag blev lite orolig om vi skulle behöva ut-rymma och hur det skulle gå med Gilla då men som tur var så var det inget allvarligt. Verkade bara vara lite rök eller något sådant som hade utlöst larmet.

I dag läste jag lite ur en av Gillas W.I.T.C.H böcker för henne. Jag vet inte om hon hörde men jag hoppades det i alla fall.

På eftermiddagen fick jag krypa upp i hennes säng och hålla henne i min famn. Det var jätteskönt. Jag berättade om alla teckningarna som ni har gjort till henne. När jag gjorde det såg det ut som om hon letade upp och tittade på just den teckning jag pratade om just då. När jag skulle krypa bort från sängen fick hon jätteont. Det kändes hemskt att jag gjorde så hon fick ont men jag tror att det uppvägde att hon fick sitta hos mig.

Idag tog de bort stygnen som hon haft i huvudet efter tryckmätaren. Det såg jättebra ut. Stygnen efter såret i huvudet tog de bort i Lund innan vi åkte hit så nu har hon inga stygn alls kvar i huvudet. Skönt. Håret växer som bara den. Trodde inte det växte så fort. Nu hinner det kanske bli lite längre innan hon vaknar upp och märker att de har rakat bort allt.

Många frågar mig hur jag orkar och håller ut. För Gillas och Lizzys skull är det inga problem. Det sista de behöver är en mamma som bryter ihop. Sen skriver jag ju av mig här på bloggen och så har jag naturligtvis allt stöd som jag är jättetacksam över. När det känns extra motigt tar jag fram fotona som togs första natten och ser framstegen som hon har gjort och då släpper det.

Mån 8 maj 2006

Idag har det hänt mycket kan ni tro. När vi tvättade Gilla på morgonen frågade Lena, sjuksystern, henne om hon kunde lyfta på armen och det gjorde hon. Både jag och Lena stod nästan och grät. När jag pratade med Agneta, skolsköterskan, i telefon så började Gilla klia sig på näsan, röra på huvudet och sträckte ut armen. När jag sen gick fram till henne verkade det som om hon försökte sätta sig upp. Sen försökte hon dra ut kanylen ur handen. När sjukgymnasten var här bad han Gilla att hålla kvar armen i luften och det gjorde hon. Hon är fortfarande inte vaken men allt det här tyder på att hon är ett litet steg närmare att vakna.

De försöker trappa ner på morfinet och byta ut det mot annat smärtstillande för de tror att hon får abstinens eftersom hon svettas och skakar jättemycket emellanåt. Smärt-teamet var här idag och pratade igenom hur de skulle göra.

Polisen ringde idag så jag fick lite mer info men än är inte utredningen klar. Han lovade mig att jag skulle få kopior på fotona från olyckan så jag kan använda dem sedan när Gilla är redo för att gå igenom olyckan.

Johanna från mitt jobb var här en runda och hälsade på. Kändes skönt.

Mormor, morfar, Lizzy och klasskamraterna Amanda och Julia S kom också hit en runda. Lizzy hade med sig mobilsmycke och halsband som hon och Malin köpt till Gilla i fredags. Det var nog rätt jobbigt för Amanda eftersom hon inte hade sett Gilla innan. Julia träffade ju henne i Lund. När de var här tittade hon upp med ena ögat och tittade runt på alla.

När de sen sa hejdå när de skulle köra blev hon så ledsen att hon började gråta. Det tyder med på att hon börjar vakna till lite mer.

Hon grät också jättemycket när jag berättade för henne om olyckan. Det var nog första gången hon verkligen tog åt sig vad som hade hänt fast jag tjatar om det varenda gång hon tittar upp.

På kvällen kom morbror Sverre med sambon Linda och hälsade på. De hade med sig teckningar från kusinerna Filip och Moa. Sen kom min kompis Ann-Marie och tillslut kom Jecka och My med jättefina presenter. My tyckte det var jättejobbigt för det var ju inte den Gilla hon var van vid. Men det känns nog bättre nästa gång hon kommer.

Nu måste jag in och vakta Gilla igen för hon får inte lämnas ensam en enda minut. Men det känns bara bra.

Tis 9 maj 2006

Glömde mina minnesanteckningar på rummet så jag får försöka komma ihåg från mitt virriga huvud. ☺

När jag vaknade i morse berättade nattpersonalen att när de hade varit inne på natten och stökat med Gilla så hade hon dragit täcket över huvudet när hon tröttnade på dem. Ytterligare ett steg framåt.

Jens, sjuksköterskan, skulle ge henne lite medel mot magen och då lossnade kanylen från sondslangen så det sprutade över halva rummet. Jag låg dubbel och nästan skrattade. Igår lossnade sondslangen två ggr och sprutade sondmat över golv och allt.

Nina, Frida, Emilia och Totte var och hälsade på. När Frida kom in och såg Gilla släppte all hennes oro och spänningar så hon nästan svimmade. Nina hann precis få tag på henne och lägga henne på sängen.

Gilla gör sånt motstånd när sjukgymnasten är här så hon tvingades ge upp. Det är tal om att det ska sättas skena på Gillas ogipsade ben så hon rätar ut foten och inte får "droppfot".

På eftermiddagen gav hon sig bara den på att hon skulle sätta sig upp fast hon inte är vaken. Hon tog tag i räcket på sängen och slet och slet och fast jag hoppade upp i sängen och satte mig hos henne så slutade hon inte. Hon var jättefrustrerad över att vara bunden i en kropp som inte kunde göra något. Tillslut efter ett antal timmar var de tvungna att ge henne lugnande så hon somnade.

Rondclownerna Fiffikus och Knutte var in om en sväng och spelade och pratade. Gilla sov hela tiden som tur var för jag kan ju bara tänka mig vad hon hade tänkt om hon hade varit vaken och sett dem.

Nettan, som var med i ambulansen, med döttrarna Jenny-Ann och Felicia kom in och hälsade på idag. De hade med sig en ballongkeps och en militärkjol som hon ska ha om vi får permission på skolavslutningen. Kjolen var jättebra för det var kardborreband längs hela sidan så den är lätt att ta på.

Sen kom Gillas morbror Peter och hans fru Jessica en runda med ytterligare ett mjukisdjur. Gilla drunknar snart i dem, men jag vet att hon blir jätteglad för alla när hon väl ser dem.

Idag hinner jag inte svara på alla meddelanden eftersom jag inte kan lämna Gilla någon längre stund när hon är så orolig men jag hoppas att ni förstår det. Ska se om jag får mer tid i morgon till att svara på allt.

Ons 10 maj 2006

Tänk vad tiden går fort. Idag är det 14 dagar sedan olyckan men det känns som om det bara var för några dagar sedan.

I natt var Gilla jätteorolig så de fick ge henne mer lugnande. På morgonen höll hon på att lyfta huvudet hela tiden. Envis som synden är hon. ☺

Nu har droppet med tagits bort. Den enda slang hon har nu är sondmaten. Hon har fått sondmat dygnet runt men från och med i morgon ska hon bara få det fyra gånger om dagen.

Nu försöker hon dra ut sondslangen hela tiden så hon har fått en liten nätmössa på sig som ska hålla det på plats.

Idag fick jag duscha henne för första gången. Det var jättemysigt. När vi hade duschat klart drog hon badlakanet över sig för hon frös och sen petade hon sig i örat för jag hade råkat spruta in vatten där. Tänk vad mycket hon kan göra fast hon fortfarande är medvetslös. Men det känns så skönt när man ser alla framsteg hon gör.

När sjukgymnasten var här försökte Gilla plocka av sig mössan. Då använde hon pincettgreppet med vänster hand och jag blev jätteglad när jag såg det för det är ju vänster sida hon kan få problem med på grund av den ena blödningen i hjärnan. Det här visade ju att finmotoriken fungerar.

I eftermiddag fick hon titta på tv för första gången. Hon hade bara öppnat ögat en gång på hela dagen men när jag sa att hon kunde ligga i sängen och titta på Winx så tittade hon direkt mot TV:n. Bara det är ett jätteframsteg med. Jag försökte mata henne med glass samtidigt men den ville hon inte ha.

Jag kan inte lämna henne ensam en enda minut för hon försöker sätta sig upp hela tiden. Nu klarar hon nästan att dra sig helt upp. Samtidigt som jag är jätteglad över det är jag nervös över att hon ska skada sig själv om hon faller åt sidan.

Till och med gipset har hon börjat känna av nu för hon för in fingrarna och kliar sig hela tiden.

Nu väntar vi på en specialbeställd rullstol till henne så jag kan köra ut henne i det härliga vädret. När den kommer vet vi inte men jag hoppas att det blir de närmaste dagarna.

Tors 11 maj 2006

Nu händer det saker må ni tro.

Igår efter att jag uppdaterat bloggen gick jag in på rummet och där fick jag min första kram av Gilla sen morgonen då olyckan hände. Gissa om jag grät. Tårarna bara sprutade och näsan rann. Sköterskorna såg helt chockade ut innan jag fick fram vad som hade hänt. När jag sen frågade Gilla var näsan var pekade hon på sin näsa och när en av sköterskorna frågade var mamma var så pekade hon på mig. Efter det kröp jag upp i hennes säng och bara låg där och myste tills hon somnade.

Nu på morgonen började hon röra på sig lite mer. Tidigare har sköterskorna vänt henne var tredje timme för att hon inte ska få liggsår. Nu är det inte lönt mer för hon lägger sig som hon själv vill nästan direkt igen.

Stygnen på höger ben togs bort idag. Hon rörde inte en min trots att de hade lite problem med några stygn som satt rätt hårt.

Jag har lagt in en mysstund om dagen då jag kryper upp i sängen hos henne. Idag låg hon och pillade på mig och kände på mig, hår, armar, ansikte... Det kändes jätteskönt. Var säkert lika mysigt för henne. När vi gör så därhemma så brukar jag alltid ha en filt över mig. Detta kom Gilla ihåg så hon tog sitt täcke och la över mig.

Lizzy fyllde år idag så hon, mormor, morfar, Anna och Sara var här idag med tårta och sådant. Sara och Anna hade med sig kort och Sara hade också en liten nalle med sig. Gilla var så pass klar när de kom att hon kunde dra kepsen som jag satt på henne ner över ögonen. Precis som om hon tänkte att om hon inte såg dem så såg inte de henne. Sen kramade hon Lizzy, mormor och Sara. Anna vågade inte riktigt fram men det är en fullt naturlig reaktion. Första gången blir man så chockad av att se Gilla ligga så här men andra gången känns det bättre.

När vi sen fikade lyckades Gilla dricka lite läsk med sugrör. Bara det är ett jättestort framsteg och sen som kronan på verket så klarade hon av att räcka fram Lizzys paketer till Lizzy. Gilla fick alla att gråta när hon kämpade som bara den för att ta sig upp i sittande ställning. Hon kunde även visa var hennes näsa, mormors näsa och mormor var.

Efter att alla hade åkt drog hon helt plötsligt ner dragkedjan i sin munkjacka och försökte ta av den. Sen satte hon sig helt upp i sängen. Allt hände så snabbt så jag hann knappt med. Nu sätter hon sig upp så mycket att hon nästan trillar framlänges. Fast jag sa redan igår att hon skulle sitta upp riktigt idag.

Nu rättar hon till kläder, kuddar, täcken och sådant så hon får det som hon vill. Känns jätteskönt.

Det är svårt att säga i vilket "läge" hon är just nu. Jag tror hon har kommit upp ur medvetslösheten men är i något mellanläge av vakenhet och sömn. Det är jättesvårt att säga vilket.

Alla kort och brev som skickades till McDonalds huset blev eftersända hem så jag fick hit dem idag. Tack så jättemycket. Jag läste upp så många av dem som jag hann innan Gilla somnade.

lister_91 F14 Från Sölvesborg hej camila det var ju lite skrämane och se henne första gången men när jag såg henne i skolan så viste jag inte vad jag skulle göra med henne så glad var jag över att dår se henne och att få höra henne prata

Fre 12 maj 2006

Jecka med mamma var här och hälsade på. Med sig hade de en vristlänk. Den såg så stor ut att den kunde gått runt gipset, men icke. Nu får Gilla vänta med att använda den tills hon är lite mer uppe så den inte skaver på benet.

Nu har vi fått låna en provisorisk rullstol tills Gilla får sin egen. Det var jättemysigt att få komma upp i den. De band fast Gilla med ett lakan för att hon inte skulle trilla ur men det krånglade hon sig bort från. Hon skulle minsann inte ha något sådant.

Sen rullade vi in på lekterapin där hon fick rita lite. Det mesta kom på täcket men en hel del kom på pappret med.

Gilla valde själv färger och var väldigt bestämd med vilken färg hon skulle ha. Pennorna var sådana att det var en stämpel i ena änden och pennspets i den andra. Gilla förstod att öppnade hon fel sida fick hon sätta på korken, vända pennan och ta av den andra korken. Känns kanonskönt att hon förstår sådana saker. Det är ju självklara saker för oss men inte för de som har skador på hjärnan.

När vi kom tillbaks till rummet var Gilla helt slut. Det tar på krafterna att vara uppe så när man har legat i över två veckor.

Gillas nästkusin Ralle och hans mamma var här idag. Ralle hade letat upp det största mjukisdjur han bara kunde hitta och tursamt nog var det en groda som Gilla gillar. Den är nästan lika stor som halva Gilla. Ralles syster Daniella hade skickat med en jättefin teckning.

På kvällen provade jag om Gilla själv ville borsta tänderna. Det gjorde hon fast bara framtänderna. Hon gapar fortfarande inte så man kommer åt alla. Sen tvättar jag alltid med en citronpinne. Det är en pinne med något medel på som ska göra så att det bildas saliv. Den stoppade hon i munnen och sög på som en klubba. Då kunde hon minsann öppna munnen.

Idag blir det kort för Gilla ligger här bredvid mig och försöker sätta sig upp hela tiden så jag måste vara på helspänn. Som tur är har jag fått låna personalens dator så jag kan läsa upp alla era meddelanden för henne.

Än en gång tack för all respons och uppbackning vi får. Jag försöker svara på allt men ibland hinner jag inte riktigt med, så mycket är det. Men vi är jätteglada för det.

Precis när jag skulle skicka ut det här ryckte hon sonden så vi får byta i sängen. Vilken unge. *Suck*

Lör 13 maj 2006

Natten har varit lugn men det beror på att Gilla får lugnande var kväll och det varar hela natten.

I morse fick Gilla smaka yoggi och juice för första gången. Hon ville inte ha yoggin när jag försökte mata henne men när hon själv fick ta skeden och äta själv så gick det bra. Det syntes på henne att hon tyckte det var jättegott. Efter det borstade hon tänderna själv (så gott det gick sen tog jag resten). Sen hjälpte hon till att tvätta och torka sig.

Jag och Gilla har gjort en deal att när det är en särskild sak hon vill så ska hon slänga nallen i golvet. Det funkar jättebra. Tror det är ett bra sätt för henne med att få fram vad hon vill säga.

Tyvärr verkar det som om Gilla har fått en förlamning på höger sida. Hon har inte använt handen sen hon fick dropp i den och jag trodde att det var för att hon hade ont i den.

Idag när hon åt yoggin såg jag att hon inte rörde höger mungipa. Höger öga öppnar hon ju fortfarande inte. Höger ben rör hon inte heller på. Jag hoppas att det bara är något tillfälligt och att förlamningen släpper.

Precis när vi skulle ut i friska luften för första gången med rullstolen så kom morbror Peter och hans fru Jessica så de följde med ut. Gilla tyckte det var jätteskönt att få komma ut och hon sa ifrån genom att trycka min hand, när hon ville in igen. Sen vinkade hon för första gången till Peter och Jessica när de skulle köra. Hon får bara sitta i rullstolen korta stunder för det är väldigt ansträngande för henne, så vi passar på de gånger hon har sondmaten avstängd.

När vi kom upp på rummet tryckte Gilla min hand när jag frågade om hon ville spela något spel. Vi spelade lite Fia med knuff. När Gilla slog en fyra flyttade hon fyra steg framåt men när hon slog en sexa blev det lite för svårt. Det här låter som självklara saker för oss men för en som har hjärnskador så är det jättesvårt. Därför kändes det så skönt att hon kunde siffran fyra.

Efter det ville Gilla titta på Tom och Jerry så vi låg och myste lite i hennes säng. Vi hann inte titta länge förrän morfar kom en runda och sen kom en gammal kompis till mig, Marie-Louise, som jobbar här.

Jag och Gilla gick ut en liten sväng med rullstolen igen men hon tyckte det blåste för mycket så hon drog upp luvan på munkjackan över huvudet. Jag blir överlycklig för var sak hon gör för det visar bara hur mycket hon fortfarande kan.

Sen lekte vi lite med en ballong och Gilla försökte titta klart på Tom och Jerry men hon somnade. Det var bara bra för hon behöver sova jättemycket.

Nu precis lyckades hon lägga sig på mage för första gången. Ytterligare ett steg framåt.

Vi har fått fylla sängen med spjälskydd, kuddar och filtar för hon härjar runt så mycket att hon kan skada sig själv. Det ogipsade benet har hon skavt upp av gipset på det andra så vi har fått sätta en "strumpa" över gipset.

Som ni ser händer det väldigt mycket och det är jag jätteglad över. Gilla har inte börjat prata än men jag bara längtar till den dan.

Glöm inte att boka in er hos Lizzy ni som vill komma och hälsa på.

Kram till er alla och jag kan inte tacka nog för allt stöd och respons...

Sön 14 maj 2006

Det första Gilla gjorde i morse var att dricka upp ett jättestort glas juice. Det gick undan som bara den. Sen åt hon en del yoggi. Mycket godare än sondmaten. ☺

Nu får Gilla sköta "fjärrkontrollen" till sängen så hon kan sitta och ligga när hon själv vill. Hon fixar det kanonbra.

Vi gick ut en liten sväng med rullstolen men Gilla tyckte det var för kallt så vi hade lite sightseeing på sjukhuset istället.

Lina och Gunilla kom upp en liten sväng. Det syntes på Gilla att hon blev jätteglad när Lina kom. Det betyder mycket för henne att kompisarna kommer och hälsar på. Både Lina och Gunilla fick en jättekram av henne.

Gjorde ett litet enkelt test idag för att se om Gilla hade läsförmågan kvar. Jag skrev hennes och Lizzys namn på en lapp sen fick hon peka på det namnet jag sa. Det fixade hon utan problem. Hon tvekade inte ens. Känns jätteskönt att hon fortfarande kan läsa.

När Gilla skulle ta en av sina många tupplurer idag så drog hon upp den jäääättestora grodan bredvid sig och låg och höll om den. Det såg mysigt ut.

Nu syns det att Gilla försöker prata lite men hon får inte fram något ljud. Hon försöker forma munnen som jag gör men jag tror att inom en snar framtid så kommer hon att pladdra på som vanligt. ☺

Precis när jag skulle ställa mig här och uppdatera bloggen fick jag ta ett pantersprång för Gilla höll på att rycka sondslangen igen. Hon har inte ens petat på den på flera dar men så fort jag ställde mig vid datorn så kom det. Hon kanske protesterade lite.

Nu har Gilla även börjat busa lite. Inte som hon gör i vanliga fall men hon visar att hon är ett litet busfrö. En gång drog hon mig i örat sen drog hon mig i näsan. Emellanåt ligger hon och gör miner och sen ser det ut som om hon skrattar åt oss. Känns skönt att hon börjar bli sitt gamla vanliga jag igen. Fast det kommer att ta tid.

gunski F50 Från Bromölla Hej,vad glad jag blir att Gilla blir bättre och bättre för varje dag.Sköt om er båda två......Kram Gunsan

solhatt F55 Från Bromölla Hej Camilla. Har suttit nu och läst allt du skrivit och gått igenom och även Gilla går igenom. Har en syster som låg så här i fjor efter ett hjärtstopp det är hemskt att genomgå för dig som mamma. Jag är faster till Sara som är kompis med Gilla och Lizzy hon berättade för mig om Gilla. Det är bra att du kan skriva av dig det ger dig styrka. Jag är säker på att allt blir bra. Kram Anitha. från Bromölla

finaste F13 Från Koskullskulle Gilla är cool B)

_akta_rumpan F25 Från Hässleholm_ blir glad när jag läser att det bara går bättre och bättre. ge inte upp det kommer bli bra. efter regnet kommer solen

mammarulle F34 Från Helsingborg Såå underbart och läsa dagboken idag....tummarna upp....kramar till er alla från oss....

Mån 15 maj 2006

Igår fick Gilla se sig själv i spegeln för första gången. Det gillade hon inte så hon tittade bort direkt.

Idag var vi inne en kort runda på lekterapin. Där spelade hon lite spel på datorn och ritade lite. Hon blir fort trött så vi stannade inte så länge.

Nu har Gilla börjat skaka och nicka på huvudet så nu är det mycket lättare att se vad hon vill. Hon pekar mot saker som hon vill göra. Ser jättegulligt ut när hon ligger och mimar. Nu väntar jag bara på att talet ska komma igång med.

Smärtdoktorerna var inne en runda och då visade Gilla var det kliade någonstans. En medicin gör att det kliar runt näsan så hon ska få lite allergimedicin mot det.

Sjukgymnastiken började idag. Där fick hon lära sig att sitta själv. Sen spelade vi ett spel och blåste lite såpbubblor.

Efter det låg vi och myste i hennes säng och jag berättade om olyckan. Gilla kom inte ihåg att hon hade blivit påkörd av en bil. Sen fick hon peka på olika ställen av kroppen så berättade jag vad som hade hänt där. Hon var ledsen över att de hade rakat av henne allt håret. Men det är på god väg att växa ut igen.

Morbror Sedde, Linda och kusinerna Philip och Moa kom och hälsade på. De hade med sig skitfräcka solglasögon och fodral.

På kvällen började Gilla skrika lite. Samtidigt som det var jätteskönt att höra så var det urjobbigt eftersom jag inte kan hjälpa henne. Som tur är har hon inte ont utan hon skriker för att hon är ledsen.

Glömde en sak. Nu har hon ett rätt fullt dagsschema med sjukgymnastik, lekterapi osv men framförallt vila. Så ni som vill hälsa på henne passar det bäst efter 16.00 på vardagarna eller när som helst på helgerna.

Tinsada F10 Från Sölvesborg åååååååååååååå vad härloigt

Tuffsara_93 F13 Från Sölvesborg ÅÅÅÅÅ vad härligt!!!

dilevafan F35 Från Sölvesborg Härligt att läsa om Gilla's framsteg!!Tyder ju på att allt bara går på rätt håll...:o) Kramar till er...

solhatt F55 Från Bromölla Roligt att du orkar ta dig tid att svara när man skriver du är stark men jag förstår ändå att du ibland känner dig svag och liten i en sådan situation. Man är ju ändå bara en mamma hur man än vill vara stark. Det går ju framåt det är positivt. Kommer ihåg min syster hon kunde heller inte prata i början men det kommer. Kramar från mig.

anni7 F44 Från Sölvesborg Hej Nu har jag läst flera gångar och det blir bara bättre för varje gång jag läser. Jag vet att ni kommer klara av det här. Kram AM och familjen

Tis 16 maj 2006

Idag går jag på moln. Det började i morse. Då pekade Gilla på teven och visade att hon ville titta på den. Rätt som det var så började hon prata. Alla på hela avdelningen blev så paffa att de rös. T.o.m. sköterskor som inte jobbade idag kom in och hälsade på när de hörde det.

Vi gick ut en sväng men Gilla tyckte det var så kallt så vi gick in igen. Då passade vi på att köpa en risifrutti jordgubb för det älskar hon.

Sen hade hon lite sjukgymnastik där hon fick lära sig att sitta på sängkanten och arbetsterapeuten kom och visade hur hon skulle hålla pennor och sånt med båda händerna för att hon ska få igång högran. Hon har känsel i den armen så jag tror den kommer igång sen.

Gilla öppnar fortfarande inte höger öga men när sjukgymnasten kollade den lite så berättade Gilla att hon såg men att det var suddigt.

Hela dagen har Gilla pratat. T.o.m. i sömnen så jag har "skoskav" i öronen men det är så skönt att höra henne. Sen ringde vi till mormor, Lizzy i skolan och Nettan som åkte med henne i ambulansen. Mormor och Nettan blev så glada att de bara grät. Lizzy blev med jätteglad. På kvällen ringde hon Frida eftersom de inte har Internet och kan läsa det här. Nina bara skrek när hon hörde att Gilla börjat prata.

Nu är det mycket ätande så de tar nog snart bort sonden. I morse åt hon yoggi. Till lunch en risifrutti och till kvällsmat en pannkaka plus middag.

Blekinge landsting sa från början att de skulle bekosta Gillas rullstol. Nu helt plötsligt har de backat om det. Nu står hon utan stol. Så länge vi är här lånar hon en men det blir värre när vi kommer till Lund igen. Då vet jag inte vad vi ska göra. Blir så arg över den här byråkratin och allt trams. Gillas utveckling blir ju lidande.

Nu har hon blivit mer medveten om sitt utseende. Idag ville hon ha i sina örhängen. Som tur var hade jag här som jag har använt för att trycka igenom hålen så att de inte växer igen.

Hon ler väldigt ofta och det är jätteskönt att se men emellanåt blir hon väldigt ledsen och rädd. Som tur är kommer hon inte ihåg något från olyckan.

Eftersom Gilla bara mimade ord igår kallades en logoped in. När hon kom idag så pratade Gilla ju som bara den så hon visste inte riktigt vad hon skulle göra. ☺ Vi får se om hon behövs något mer eller inte.

mammarulle F34 Från Helsingborg såå gött och höra....vi är så glada för denna framgång...tummen upp....kramar från oss...

Tuffsara_93 F13 Från Sölvesborg Gilla Pratade ju med Lizzy i telefon och när hon kom in i klassrummet grätt Lizzy. Sen när hon berättade blev jag så glad att jag ville sååååå gärna ville prata och träffa Gilla!! Du går hälsa henne och säg att vi tänker på henne!! Ha det så bra och tack för att du skriver här på bloggen så vi kan läsa hur det går för hon. Hälsa en en gång till Gilla och Ge hon en

stårs kram från mig!! Kramar Sara

rozzebozz F38 Från Sölvesborg Detta är helt underbart.V

kommer in i eftermiddag och hälsar på. Félicia blev eld

och lågor när jag berättade att jag hade pratat med Gilla.

Många krama Nettan

anni7 F44 Från Sölvesborg Hej. Vi blev så glad när vi

läste att hon börjat prata att mamma fällde en tår. :) Lou-

ise och Cecilia

_finaste F13 Från Koskullskulle Jag har följt din Blogg

sen första dagen, och nu när det blir så stora framsteg blir

jag glad för er skull, även om jag ionte känner er så är jag

glad! Lycka till! =)

Ons 17 maj 2006

I morse när jag vaknade var Gilla rätt förkyld. Det för-

klarar varför hon var så lugn igår. Fast hon kör ändå som

bara den med mig. Igår var det hela tiden: mamma gör

det, mamma gör så. Emellanåt sa hon bara mamma och

när jag frågade vad det var så svarade hon: jag vet inte...

Hon ville nog bara kolla så att jag var där. I morse skick-

ade hon ut mig halv åtta för att jaga risifrutti. Som tur var

så öppnade affären på sjukhuset då så jag fick tag på det.

Jag var tvungen att köra hem en vända idag för att fixa konto till Gilla och betala räkningar. Det var första gången jag körde bil sen olyckan. Var så skitskraj att jag bara skakade när jag kom fram till jobbet. Trodde inte att jag skulle reagera så. Tänkte hela tiden att jag inte får köra på nån. När jag sen skulle hämta Lizzy var jag tvungen att köra förbi olycksplatsen. Som tur var visste jag inte exakt var Gilla hade legat. Det hade jag inte fixat.

Kan bara tänka mig hur Lizzy mår som måste cykla där varenda dag.

Var inom en vända på jobbet för att lämna läkarintyg och sånt. Blev knäpptyst när jag kom in och sen tog det några sekunder innan alla reagerade och skulle prata på en gång. Såg jättekul ut men blev lite av en chock för mig så jag var rätt tyst och sen var jag ju fortfarande skraj efter att ha behövt köra bil.

Var inom djuraffären med och skulle handla lite. Då fick Lizzy och Gilla ett varsitt armband av Micke där det stod: I love dogs. Det kunde Gilla läsa när Lizzy lämnade det till henne.

Morfar satt här med Gilla när jag åkte hem. Precis när han kom skulle hon ner på röntgen och röntga benen. Har inte hört något mer om det men jag tror ortopedläkaren kommer i morgon och berättar lite mer.

Sen träffade jag läraren och lekterapeuterna. I morgon ska Gilla börja skolan. Inte ens på sjukhuset kommer hon undan det. ☺ Fast hon tycker det ska bli kul att få börja. Hon blir rastlös av att bara ligga.

Nettan, Felicia och Jenny-Ann kom upp en sväng. Jenny-Ann hade köpt en ödla till Gilla på Kreativum och Nettan gav henne sin Crazy Frog som hon haft hängande i nyckelknippan. Sen kom Eva och Jennie från mitt jobb. De hade med sig stickers och en militär t-shirt som Gilla gillade jättemycket. Hon läste själv kortet från dem.

Lizzy hade gjort ett linne, en teckning och ett halsband som hon hade med till Gilla idag. Linnet hade hon batikfärgat ett stort hjärta på och sen sytt fast pärlor och sånt. Det var jättefint.

Nu vill personalen att alla besök sker efter 18.00 eller dagtid på helgerna, just för att vi ska kunna följa Gillas schema. Fast de som redan har tänkt åka hit på andra tider den här veckan (o Gillas fröknar) kan komma på de tider som de tänkt. och sen får besöket helst inte vara längre än 30 min för Gilla blir så trött annars.

Annars tror jag inte det har hänt något mer idag. Har varit lite slarvig med att skriva i min kom ihåg bok. Jo alla hundarna var jättesura på mig när jag kom hem idag för första gången på tre veckor. De kom inte ens fram och hälsade. Hector kom tillslut fram lite men inte som han brukar. ☺

dilevafan F35 Från Sölvesborg Åh,de e såå roligt att läsa om Gilla's framsteg...Härligt kämpat av dej,Camilla!! Beundrar din styrka!!:o) Kram..

akta_rumpan F25 Från Hässleholm skönt att läsa att det bara går bättre ocg bättre..

Bambi_Fjanten F17 Från Sölvesborg Hej! Det r verkligen underbart och hra=) Vi tnker p er! Kramar Frida. Tessan och Peggy!

miian F23 Från Kristianstad behöver det hända mer än så? det e ju UNDERBART alla framsteg som händer..e så glad för eran skull!Lycka till med allt!

Tors 18 maj 2006

Idag började Gilla skolan. Där fick hon läsa korsord och räkna matte på datorn. Hon tyckte det var jättekul.

På sjukgymnastiken fick hon stå för första gången. Men hon fick bara stå på det ogipsade benet. Det gick bra. Benet skakade inte ens. Sen chockade hon oss med att börja röra på högerhanden. Jag och sjukgymnasten Marie gick och snyftade hela vägen in till salen sen och vi fick Gilla att vinka med högran till alla sjuksystrar vi såg. T.o.m.

clownerna fick hon vinka till. Sen följde de med oss till rummet men jag såg på Gilla att hon bara ville att de skulle försvinna.

Min moster Maja, hennes man Lasse, deras dotter Anki med barnen Kim och Michaela kom och hälsade på. De hade med sig ett halsband i form av en skyddsängel. Gilla har nog redan en liten skyddsängel boende i sig känns det som.

På eftermiddagen var vi inne på lekterapin. Där pärlade Gilla lite. Hon lyckades pärla med de små pärlorna och med vänster hand. Inte illa alls eftersom hon är högerhänt. Sen kom arbetsterapeuten och jobbade lite mer med högerhanden. Så nu kan Gilla öppna och knyta fingrarna lite smått. Hon kan även dra in armen men inte sträcka ut den. Än, men det kommer med.

På kvällen kom Petro och mamma Pernilla. De hade en tidning, ett krya på dig hjärta, en kanin och en skiva som Petro fixat med sig. Först döpte vi kaninen till Nina men sen när de hade kört döptes hon om till Petro för Gilla saknade Petro jättemycket när hon åkte. När de var här så började Gillas fingrar klia så hon inte stod ut. Det är alla nerverna som håller på att vakna. Petro fick sitta och massera dem och det syntes på Gilla att hon tyckte det var jätteskönt.

Idag hinner jag tyvärr inte svara på några meddelanden för jag hade lite strul med datorn så jag hinner inte sitta så länge. Ska försöka svara på dem i morgon istället.

_tovelove F12 Från Mörrum ohh , . skulle vilja träffa henne men jag vet inte vem hon är ! :P hehe

_finaste F13 Från Koskullskulle vad gött att höra hur bra det går! :)

Tinsada F10 Från Sölvesborg vad skönt att höra ☺☺☺ kommer gilla på avslutingen ? jga vill bara se henne saknar henne sååååååååååååå men det är skönt att höra att hon kan prata och så ☺☺ kram Emelie puss

Hobson F57 Från Sölvesborg Hej Camilla och Gilla Det är underbart hon kommer att få känslen tillbaka i höger sida snart Kram på er båda två Kram Anette

Fre 19 maj 2006

I morse när jag tvättade Gilla rörde hon på höger fot för första gången. Sen rörde hon även lite på benet. Så lite nytt har hänt idag med.

Emmie, Julia och deras mamma kom hit en runda. De hade med sig örhängen, halsband, mjukisdjur, hjärtan som de gjort i slöjden och tekningar från dem, Julia S och Petronella.

Anledningen att jag skriver vad alla har med sig är för att Gilla sen ska veta vem hon fick vad av. Mycket fick hon ju när hon låg medvetslös så hon har ingen aning vem de kommer ifrån.

Så här ser Gillas dagsschema ut för tillfället:

8.00 Frukost

8.30 Morgontoalett

9.00 Skola

9.30 Vila

10.00 Sjukgymnastik

10.30 Vila

11.30 Lunch

12.00 Vila

13.30 Lekterapi eller utevistelse, 20-30 minuter

14.30 Arbetsterapi, ej onsdagar

15.30 Film 15 minuter

16.00 Vila

17.00 Kvällsmat

18.00 Film 15 minuter, Besök

Som ni ser är det ett mycket tufft schema. Det ligger många vilostunder i det men det är inte det lättaste att få Gilla att vila då. och hon behöver mycket vila för att hon ska orka bli frisk.

På kvällen kom Frida, Emilia, Totte med föräldrarna Nina och Conny på besök. Den här gången gick det bättre för Frida. Nu visste hon ju vad hon hade att vänta.

Jag frågade Gilla idag om hon ville titta på alla fotona som har blivit tagna sen första natten men hon sa att hon ville vänta. Det är helt ok. Vi tittar på dem när hon känner sig helt redo.

Nu helt plötsligt fick vi hennes rullstol som det varit sånt "tjabb" om. Den levererades hem där hemma ihop med en ramp och lite annat som vi behöver. Nu ska vi bara få hit den med så är allt ok. ☺

Hipster F34 Från Sölvesborg Hur får man Gilla den envisa lilla tjurskallen att vila?? *asg* KRAM till er båda.

Lör 20 maj 2006

I morse när Gilla vaknade hade hon ont i hela kroppen. Sköterskorna fick ge henne extra smärtstillande sen släppte det.

När hon åt lunch satt hon i rullstolen för första gången. Innan har hon fått sitta i sängen. Det var mycket lättare att äta så här så hon gjorde det på kvällen med.

Idag har varit en riktig slappedag. Vi gick ner och fikade lite och Gilla klämde i sig två stora kakor. ☺ Sen har vi mest legat och tittat på Trollz på tv och lyssnat på Harry Potter och fången från Azkaban på ljudkassett.

På kvällen var Gilla jätteledsen och ville inte gå på skolavslutningen bara för att hon inte har så mycket hår. Jag pratade med henne och lovade att vi skulle kolla in fräcka kepsar och sånt som hon kan ha då. Hon har redan fått några så nån av dem kanske duger.

Nu kan Gilla vrida lite på högerhanden så hon kan vända handflatan upp och ner. Ytterligare ett steg framåt.

När hon skulle ha sprutan i magen låtsades hon sova. Hon trodde väl att hon skulle slippa den och sen bara skrattade hon när vi kom på henne. Skönt att se att hon har humorn i behåll.

En sköterska sa till mig att var gång hon ser mig ser jag så glad ut så hon måste alltid kolla vad nytt som har hänt. Det händer ju grejor hela tiden.

finaste F13 Från Koskullskulle mihih, vilken ball tös ☺☺

tovelove F12 Från Mörrum heja :) nu gåre VÄLDIGT bra / kram tove

Tinsada F10 Från Sölvesborg ☺ gilla du måste komma på skolavslutnigen eller inte måste men jag vill det, jag tror dte är många andra me som vill det ☺ ja det har gåttt mycket framåt tycker jag ☺men jag vill bara säga en sak till gilla du behöver inte skämmas över att du inte har så¨myckwet hår det tycker inte jga ☺

Hipster F34 Från Sölvesborg Heja lilla gillafisen! Hon är bara bäst!

Sön 21 maj 2006

Idag gjorde Gilla nåt som hon längtat efter. Hon fick duscha. Annars bara tvättar jag henne grundligt men nån gång då och då så blir det en rejäl dusch och hon tyckte det var jätteskönt.

Vi tog en rejäl runda med rullstolen idag och gick till Maxi och handlade. Gissa vad!! Naturligtvis risifrutti och sen köpte Gilla en barbie, två böcker, Narnia-filmen och en keps. Jag skulle vara lite lat och ta den snabbaste vägen till Maxi trodde jag. Men det slutade med att vi fick vända tillbaks och gå andra sidan av rondellen istället för det fanns inget övergångsställe där vi gick.

Precis när vi gick ut för att gå till Maxi sprang vi på Yvonne på mitt jobb som var på väg för att säga hej till oss. Både Lizzy och Gilla fick lite pengar av henne och de blev jätteglada båda två.

På eftermiddagen när vi låg och slöade framför teven kom Petro, Julia S och Julias mamma Anna. De hade med sig en mjukisgroda, ljusstake, hudlotion, suddgummi, choklad, och en jättestor tavla som Julia och Petro hade gjort. Julia hade även gjort ett hjärta i slöjden och en bok som jag läste för Gilla på kvällen. Grodan fick heta Julia. ☺ Jag och Anna gick ut en runda så tjejerna fick vara lite själva. Det tyckte de nog var jätteskönt.

På kvällen fuskade vi lite och Gilla fick äta lite choklad när sköterskorna gått ut från rummet. Det tyckte hon var jättegott men orkade inte så mycket.

Just nu gör hon mig smått galen. Samtidigt som jag ska skriva här så ska jag springa fram och tillbaks till teckningarna och berätta vem som har gjort vilken teckning. Men motion får jag... ☺

Nu kan Gilla nästan vända höger handflata uppåt. Med lite träning till så lyckas hon.

Hobson F57 Från Sölvesborg Hej Camilla och Gilla Jag har varit borta i helgen, har läst din blogg ändå, skönt att Gilla är så bra att ni kan åka och handla, det måste vara en upplevelse för Gilla att komma in i en stor affär och köpa vad hon vill. Mitt barnbarn Viktoria berättar allt för mig om Gilla om jag skulle missa något. ha det så gott ni kan och krama om Gilla från oss Kram Anette

Mån 22 maj 2006

Idag upptäckte vi att det var jättetrångt och bökigt med rullstolen i det lilla rummet vi låg i så helt plötsligt fick vi byta rum. Nu ligger vi på samma avdelning men sal 6 istället. Det är på samma ställe fast till vänster i korridoren istället.

När vi höll på att flytta som bäst kom Gillas morbror Sedde och hälsade på. Han hade hittat en grodpenna som han hade köpt. Sen helt plötsligt stod Cicci som också legat på samma avdelning i dörren med mamma och dotter. Var jättekul att träffa dem för både Cicci och hennes mamma har följt bloggen här.

Sen kom Gillas fröknar Cicci och Marie och hälsade på. De hade med sig ett jättefint halsband med ett hjärta.

Nu märks det att Gilla börjar bli som vanligt. Maten dög inte så hon fick köttbullar och potatismos istället. Det var mycket godare.

Gilla har börjat prata lite mer nyanserat nu. Innan var allt entonigt men nu är det mer liv i pratet.

När barn ligger här uppe länge hålls det möten om bara dem där alla inblandade är med. Läkare, sköterskor, undersköterskor, lärare, sjukgymnaster, lekterapeuter, arbetsterapeuter och jag är med. Då får alla samma information om vad som händer och vad som ska hända. Jag var med för första gången idag.

Jag och Gilla gick ut en kort stund och när vi skulle in igen klarade hon av att trycka på dörröppningsknappen med högerhanden. Den kommer igång mer och mer. När jag var och lämnade disken hade hon vänt rullstolen helt själv och satt bara och skrattade åt mig när jag kom tillbaks. Hon börjar bli riktigt busig nu.

På kvällen kom Johanna från mitt jobb upp. Sen åkte hon och köpte McDonalds mat. Gilla satte i sig allt sitt plus hälften av mina strips. Hon har gett sig den på att hon ska bevisa att hon äter ordentligt så att hon kan slippa sonden. ☺

Lizzy har fått i uppdrag att samla ihop alla videofilmer och cd-skivor som de inte tittar/lyssnar på längre så skänker vi dem till avdelningen. Då kommer de till nytta istället för att bara ta plats därhemma. Känns skönt att kunna göra nåt för avdelningen och andra barn som ligger här.

Hobson F57 Från Sölvesborg Hej camilla Jaså min syrra Gun har varit hos er idag det var snällt Jag har inte träffat dig men det gör vi säkert sen Skönt att gilla mår bättre Hon blir bättre för var dag Ha det och krama Gilla Kram anette

Tis 23 maj 2006

Idag var det skola igen för Gilla. De håller på med matte där just nu. Trodde att de skulle få backa rätt långt i boken men det räckte med att de backade en sida och det var ju jätteskönt.

Sjukgymnasten körde ett jättehårt pass. Gilla fick öva sig på att sitta, stå, rulla runt och förflytta en boll med höger hand. Inte världens lättaste kan jag lova er.

Efter det kom logopeden och lyssnade och pratade med Gilla. Hon bandade även Gilla när hon pratade för att lättare kunna höra vad som behövs göras. Korta meningar och sånt klarar hon som ingenting men när det blir längre berättelser och sagor så fixar hon inte att återberätta det. Men det kommer. Det är ju inte konstigt att hjärnan inte orkar med det. Tom jag hade problem att komma ihåg sagan och återberätta den. ☺

Idag åkte vi på besök till Gillas klass. Det blev en rejäl överraskning för ingen visste att vi skulle komma. Trodde inte den klassen kunde vara så tyst och lugn. ☺ Hade förberett mig på att alla skulle storma fram till Gilla och överösa henne med frågor. Men det var inte många som vågade prata. Sen hälsade vi på fritidspersonalen, rektorn och en mattant.

Nu först förstår jag folk som klagar på färdtjänst. Resan tillbaks var beställd till 14.10. Tio i tre hade taxin fortfarande inte kommit så jag ringde sjukhuset och de fick ringa färdtjänst. De fick besked att taxin var på väg. Kvart i fyra hade den fortfarande inte kommit så jag ringde sjukhuset igen och fick numret till färdtjänst. Jag var inte nådig i mitt tonfall kan jag lova. Där fick jag besked att taxin skulle komma klockan fyra. Alltså nästan två timmar efter beställd tid. Strax efter ringde taxichauffören upp mig. Då stod han i ett villakvarter inne i Sölvesborg och jag stod vid Mjällby skola. Han hade fått fel adress av sambandscentralen. Det visade sig även att en taxi hade kommit vid någorlunda rätt tid men inte hittat rätt så det verkar som om han bara hade skitit i allt och kört därifrån istället för att ringa upp någon som kunde berätta var vi var. *Suck* Aldrig mer färdtjänst var min kommentar när vi väl kom upp till avdelningen. Gilla skulle haft medicin vid tretiden och även ätit lite. Nu blev allt försenat.

En ny grej som Gilla gjorde idag var att hon skrattade så det lät. Innan log hon bara. Kändes så underbart att höra hennes skratt...

Music_Mandan F10 Från Sölvesborg heej... Vad roligt att hon va i skolan men tradigt att jag ibte var där...kramar Krya på dig Gilla!

_lina_93_ F12 Från Sölvesborg Hej Camilla och Gilla! Ja jag håller med om att det inte är klokt! Det skulle man ha skrivit i tidningen. Tycket jag. Jag tycker att det var kul och skönt att se och höra henne. Det har aldrig varit så tyst i klassrummet. Ha det så bra! Kram på er båda! PS Krya på dig gilla!

lister_91 F14 Från Sölvesborg ja det var skönt men jag har inte sett lizzy i skolan på ett tag.... men det är ju skönt att gilla kan prata det har jag saknat...

akta_rumpan F25 Från Hässleholm måste ha varit skönt att få höra henne skratta igen..

Jullibull_94 F12 Från Sölvesborg hej camilla ! Jag blev jätteglad i dag när Gilla och du kom och hälsade på ! Det är så kul att se hon. Tror du Gilla kan börja sexan med oss till hösten? hoppas det. hejsvejs puss & kram Julia.J

Ons 24 maj 2006

Måste bara skriva hur mycket jag beundrar Gilla. Inte en enda gång har hon klagat, gnällt, varit sur eller ledsen över att hon ligger här och alla mediciner hon måste ta. Hon ser ständigt lika glad ut och tar all medicin utan protester. Hon tom försöker slicka ren burkarna för att få i sig allt. Hade det varit jag så hade jag varit världens gnällspik. ☺ Det enda som inte var så kul var sprutan i magen fast den slapp hon fr.o.m. igår som tur var.

Idag var vi på utflykt igen. Vi åkte till Rehabiliteringen i Lund och hälsade på. Fick åter igen stifta bekantskap med färdtjänst och deras tider. Skulle varit i Lund kl. 10.00. Kom dit 11.00. Skulle egentligen åkt därifrån 11.30 men vi var en hel timme sena eftersom vi åkte halva Skåne runt för att hämtade och lämnade folk fick vi åka en timme senare från Lund. På måndag flyttar vi ner till Lund och påbörjar den stora rehabiliteringen. Då kommer vi att bo där måndag till fredag och vara hemma på helgerna. Gilla bara längtar tills hon får komma hem.

När vi kom tillbaks till sjukhuset mötte vi Cicci med mamma Gun som har följt bloggen här. Cicci ska också till Lund på måndag men tyvärr ska vi inte bo på samma ställe. Synd för det hade varit skitkul.

Johanna från mitt jobb kom hit med pizza idag. Man såg på Gilla hur gott hon tyckte att det var. Hon åt så det nästan stod ut om öronen. ☺ Just som vi satt där och åt som bäst kom Yvonne, också från mitt jobb, och sa hej. Hon hade med sig risifrutti och ett jättestort kexchoklad som jag kommer att ha skitsvårt att låta bli. Alla vet ju att det är min stora passion. Men för Gillas skull så får jag låta bli det.

På kvällen kom det in en stor mc-knutte från Road Hogs, i skinnväst, fulltatuerad och stort yvigt skägg. Kan tänka mig att han skrämde slag på halva avdelningen. *Gapskratt* Det är en gammal kompis till mig. Kellis heter han och han hade en stor hink med sig som var fullproppad med lösgodis. Ni kan ju bara tänka er Gillas min. ☺ Fast hon fick lova att bjuda Lizzy med.

Lizzy var på klassresa igår och då hade hon köpt W.I.T.C.H solglasögon till Gilla. De var jättesnygga.

Gilla säger att hon vill skicka en jättestor kram till alla som läser det här!

mmian F23 Från Helsingborg Underbart att läsa om Gillas dagar! Önskar henne all lycka till även i framtiden!

_finaste F13 Från Koskullskulle Hejsan, ooh, Kexchoklad, det älskar jag också, och lösgodis, mums! Förstår att du har svårt och låta bli det ☺☺ Kram

_lina_93_ F12 Från Sölvesborg Hej hej Camilla och Gilla! Jag tycker att det är så skönt att få veta om hur det gårr för henne/dig. Jag blir så glad för varje liten sak!Hoppas att det kommer att gå bra i Lund. Läs detta för gilla! TILL GILLA: Hej hej Gilla! Jag blev så överaskad när du och Camilla kom in i klassrummet. Det var SÅÅÅ skönt att se dig och att höra dig prata igen. Det underlätade

Tors 25 maj 2006

Idag har varit en lugn dag. Vi har mest slöat.

Sonden där hon har fått extra mat togs bort idag. Det var kanonskönt. När ronden var här berättade de att den skulle tas bort och de frågade Gilla vem som skulle ta den. Hon pekade direkt på doktorn. ☺ Det är annars sköterskornas jobb men doktorn höll god min och plockade bort den. Jag mådde smått illa av det och fick vända mig om.

Vi invigde hennes nya rullstol idag. Är precis Gilla får plats i den. Hon är ju rätt långbent. På handtaget står det HD och jag skämtade med henne att nu åker hon Harley Davidsson, ett jättekänt mc-märke. Fast i det här fallet stod HD för Hantverksdesign.

När vi skulle över i rullstolen förflyttade Gilla sig själv med min hjälp för första gången. I vanliga fall är vi två stycken som lyfter över henne men nu testade jag själv. Det räckte med att sätta glidbrädan emellan sängen och rullstolen så tog hon sig över. Det var lite svårare att ta sig tillbaks för då nådde hon inte sängkanten och kunde inte ta tag i den och dra sig över. Men det gick ändå.

Glömde berätta igår att den ena doktorn här på avdelningen pratar med Timbuktu ibland. Hennes syster jobbar med honom. Hon hade berättat för honom att Gilla har honom som idol och igår när vi kom från Lund hade hon en överraskning. Timbuktu hade skickat en dvd-skiva. På framsidan stod det: "Timbuktus present till Gilla". Inuti stod det: "Till Gilla, Du är en kämpe. Det är människor som du som ger oss andra den värdefulla påminnelsen att detta liv inte är att ta för givet. Håll huvudet högt och fortsätt fortsätta. Kärlek!!!! Timbuktu alltid" (hjärta) (peacemärket). Det roliga var att när vi låg i Lund så mailade jag honom så igår kom det en likadan dvd-skiva med posten hem där hemma. ☺ Som det kan bli. Jag hade även mailat Lizzys idol Andreas Johnson och hon har fått ett signerat foto från honom.

MammaMio F37 Från Ljungbyholm Faaan Camilla!! Sitter och läser och lipar och känner en sån enorm beundran över Gilla, Lizzy och Dig!! Många kramar från Mio.... Vi "hörs" igen den "vanliga"vägen som precis har öppnats!!

Hipster F34 Från Sölvesborg Fan vad gulligt! Vad glad hon måste blivit!

lister_91 F14 Från Sölvesborg det var ju skönt men gilla ska veta att när jag läser detta varje dag så börjar jag att gråta bara för att det går så bra för henne

Hobson F57 Från Sölvesborg Hej Camilla och Gilla skönt att det går så bra och hon slipper sonden, jag tänker på er fast jag inte skriver så ofta Har besök här och det kommer fler fram till den 1 juni Ha det kram Anette

Fre 26 maj 2006

Ni kan aldrig gissa var vi är nu??!! Just det! Hemma!! Fast bara på permis över helgen. Nu vet jag att många vill komma och hälsa på när hon är hemma men den här och nästa helg behöver vi för oss själva så vi kommer in i allt och vi får ägna oss lite åt Lizzy med. Så jag ber er att inte komma förrän några helger längre fram.

På måndag åker vi ju till Lund och jag vet inte om jag skrev det innan men där har vi tyvärr inte tillgång till Internet. Därför blir det en veckodagbok istället på helgen när vi kommer hem. De som har numret till Kristianstad kan slänga det. Tyvärr får vi ingen telefon heller på rummet i Lund men däremot kan jag ha min mobil igång hela tiden så vi nås på den istället.

Idag körde sjukgymnasten ett stenhårt pass. Gilla fick stå, sitta, rulla runt och placera klossar i olika hål. Kan

73

lova er att det är jättesvårt när inte finmotoriken fungerar som den ska. Men tillslut lyckades hon. ☺

Skulle hämta ut alla Gillas mediciner och smärtstillande med på apoteket. Fick "bara" vara där i 45 min innan jag var klar. *Suck* och dyrt blev det...

När vi kom hem hjälpte taxichauffören mig att köra in rullstolen. Det blir ett stort problem när vi ska in och ut för till och med chauffören hade problem att köra upp rullstolen. Man måste vara rejält stark. När vi kom in fick vi möblera om lite. Marmorbordet fick tas bort och ett lätt bord sättas där istället. Mycket enklare att flytta när Gilla ska i och ur soffan. Sen fick vi ta ner bäddsoffan eftersom Gilla inte kommer upp till sin säng. Fast både Lizzy och Gilla lär gilla att få ligga där. Då kan de kolla på tv hur länge de vill om kvällarna utan att jag märker det. ☺ Hundarna blev jätteglada när Gilla kom men mig surade de på. Nåja det släpper väl. ☺

Jag skickade in Lizzy för att berätta för våra grannar Benny och Ingrid att vi var hemma så de fick komma och säga hej till Gilla. De har varit så oroliga och ledsna för de har ju sett ungarna växa upp och kunde inte tro att det var Gilla som hade råkat ut för olyckan.

Nu sitter Gilla i bäddsoffan och njuter av att vara hemma och leker med sina barbiedockor. Lizzy kom på den perfekta idén att sätta frukostbricksbordet där. Blev betydligt lättare för Gilla.

Tuffsara_93 F13 Från Sölvesborg kan manringa till er och prata med Gilla jag vill såååå gärna prata med Gilla!!! kramar Sara

_finaste F13 Från Koskullskulle Vad roligt för Gilla att komma hem! =)

kissekatten05 F22 Från Sölvesborg Va skönt att ni äntligen fått komma hem! Hoppas allt fortsätter så här. Kramar

anni7 F44 Från Sölvesborg jag är så glad att gilla och du cammila har fått komma hem igen:)) nu ska jag bara tänka på när jag ska hälsa på gilla min första gång men givetsvis på sjuk huset så klart`#´

gunski F50 Från Bromölla Ha det så bra hemma,och njut varje sekund..ta vara på tiden..rå om varandra.Tänker mycket på er.Kramis Gun

Lör 27 maj 2006

Kvällen igår tillbringade vi med att mysa och äta godis. Det var bara sååå mysigt.

Natten tillbringade Lizzy och Gilla i bäddsoffan. Det gick jättebra. Gilla väckte bara Lizzy en gång med att hon behövde på toa.

Nu har Gilla släppt sin tuffa fasad lite och blir ledsen för minsta lilla. Men det är fullt naturligt. Hon verkar även ha lite mer ont men det är inte konstigt för det blir ju lite "brutalare" flyttningar här hemma. Som tur är så har hon snabbverkande smärtmedicin om det blir för illa.

Lizzy, Malin, Janni och Jennifer skulle åka till Väla idag. Gilla satte Jennifer i arbete så fort hon kom hit och fick leta efter barbiegrejor i leksaksbacken. Sen när de hade åkt flög jag på det. Fast det är skönt att se henne leka igen.

Gissa om jag har sovit som en stock inatt. Första natten i min egen säng på över en månad. Sov så hårt så jag var helt slut på morgonen. Fick gå och lägga mig på soffan när jag väl fick Gilla att vila och sen sov vi i över tre timmar. ☺

Rullstolen som Gilla har nu går inte riktigt under bordet så hon kommer ända fram. Men det har vi löst med att sätta en kudde bak ryggen på henne när hon ska äta. Kan knappt säga hur mysigt det är att sitta och äta middag med båda sina ungar så. Har verkligen saknat det.

En annan praktisk grej vi inte tänkt på var när Gilla skulle borsta tänderna och tvätta sig. Fast det löste vi med att ta vasken till hjälp. Allt löser sig bara man har fantasi. ☺

Hipster F34 Från Sölvesborg Gillas olycka ☺

mammarulle F34 Från Helsingborg såå underbart och läsa...att ni även kan vara hemma....Haa de under-bart...kramar från oss

anni7 F44 Från Sölvesborg vad bra att man kan hitta på såna bra lösningar!=% mvh louise

_finaste F13 Från Koskullskulle =) =) =)

Sön 28 maj 2006

Lina ringde till Gilla igår och det syntes på Gilla att hon blev jätteglad. ☺ Hon orkade tom prata lite längre meningar.

Kände mig som en riktig häxa i morse när jag var tvungen att väcka Gilla för att hon skulle ha sin medicin. Både Lizzy och Gilla sov som stockar. Undrar hur länge de hade varit uppe igår. :P

Idag fick ungarna för sig att de ville åka till EKO. *Suck* På med plastkasse över Gillas gipsade ben och en regnponcho som täckte hela henne eftersom det regnade.

Hon fick extra smärtstillande eftersom jag misstänkte att vi skulle härja rejält med henne när hon skulle in i bilen. Ner för rampen. Svettigt värre och nervöst eftersom den är så brant men det gick bra. In i bilen. Fick sätta Gilla i sätet när Lizzy höll benen utanför sen fick jag hoppa in på förarsidan och dra Gilla så långt mot mig som det bara gick så vi fick in benen. Det gick bra. Mycket lättare att få ut henne sen. Handlade lite mjukisbyxor som går över gipset och Gilla handlade en massa barbiedockor för presentkortet hon fick från mitt jobb. Sprang på Ulla-Britt från jobbet och hon pratade lite med Gilla. Fikade lite med Jecka som mötte upp oss på EKO innan vi skulle åka hem igen. In på Markislagret för att hitta en snygg pärm till Gillas klippbok (alla teckningar, kort, foton och tidningsutklipp). Gilla ville naturligtvis med så det var bara att baxa ut henne igen. Strax innan vi är hemma säger Gilla att hon mår illa. Inte jättemycket men ändå. Precis när vi svänger in på vår väg kaskadspyr hon. *Urrrkk* Stora problem. Hur får vi ut henne ur bilen?? Lizzy klarar absolut inte att bära henne när hon spytt för då spyr Lizzy med. och jag hade ungefär samma problem. Det var bara att försöka baxa ut Gilla själv samtidigt som jag håller andan. Stackarn får utstå mycket. Men hon kom i rullstolen. Nästa problem. Rampen in. Knappt jag klarade det men tillslut gick det. Sen var det bara att plocka av henne alla kläderna och slänga dem i blöt. Tvättmaskinen är naturligtvis trasig så jag fick handtvätta dem i badkaret. Ut i bilen och försöka få den ren samtidigt som jag ligger och ulkar. Hoppas jag lyckades...

Grannens barnbarn med mamma kom in och lämnade över presenter. Det var duschcreme, bodylotion, sminkväska, halsband, lipgloss och en skiva från dem

alla. Gilla blev jätteglad över det. Skivan sattes genast på. på högsta volym! :P

På kvällen började jag sätta ihop Gillas klippbok. Lizzy kom med några tidningsutklipp från den ena tidningen som vi fått av grannen. Jag hade läst dem på nätet men då tog jag inte in det riktigt. Nu bara flödade tårarna när jag läste igenom dem och jag kunde inte sluta gråta. Just då ringer telefonen men jag bara räcker över den till Lizzy som ser helt förskräckt ut. Det var min moster och jag försökte prata lite samtidigt som jag stortjöt. Inte världens lättaste men till slut lugnade jag mig. Nåja nån gång måste det ju komma ut och det är säkert inte sista gången. ☹

Lite senare körde Lizzy hand- och armgympa med Gilla. De var jätteduktiga båda två. Det stora problemet var bara att vi inte riktigt förstod vissa övningar men vi gjorde det bästa av det.

Kan bara säga att Lizzy verkligen är värd muggen där det stod: Världens bästa syster på som Gilla köpte till henne idag. ☺

anni7 F44 Från Sölvesborg vad stark hon är som verkeligen orkar med att vara så stark;)

bastic F12 Från Sölvesborg Ja hon är värkligen värd den muggen! :)

Fre 2 jun 2006

Så var det dags att åka till Lund. Med tanke på hur färdtjänst hittills har varit så var taxin beställd till 9.15 för att vi säkert skulle vara där till kl. 12.00. Den här gången gick allt smärtfritt så vi var där lite innan 11.00.

Första dagen hade vi inskrivning. Då vi fick träffa all personal som skulle ha med Gilla att göra. Det var allt från barnskötare till psykolog. Därefter hade Gilla lite lätt sjukgymnastik och doktorn kom för att känna igenom henne. Doktorn bad Gilla att lyfta det gipsade benet och alla blev helt chockade när hon höll på att knocka doktorn. Hon lyfte benet rätt upp i vädret. ☺ Sen gick vi en liten runda. På rummet och toaletten finns det en lyft.

Man trär ett skynke (segel) om Gilla och sen fäster man det i liften. Gilla sköter själv knapparna så jag håller bara i benen och styr henne på plats. Jätteskönt för då slipper man alla tunga lyft och hon tycker det är jättekul att åka i den. För första gången kunde Gilla själv dra upp dragkedjan i koftan med höger hand.

Andra dagen hade Gilla pyssel. Hon gjorde ett pärlarmband och sen började hon på en barbapappafigur i gips. På sjukgymnastiken fick hon prova på en tippbräda för första gången. Det är en bräda där man "binder" fast Gilla och sen höjer man huvudändan så hon nästan står. En bra träning för hennes ogipsade ben. När hon står i den brädan kastar hon basket, spelar bowling eller helt enkelt bara kastar lite boll. Allt för att träna resten av kroppen samtidigt som hon står. Hon lyckas även med att plocka av och sätta på barbiedocksskor med höger hand nu.

Tredje dagen var det dags för skola. Där räknade de lite matte och spelade spel. Undertiden träffade jag psykologen. Ingen höjdare när man inte alls gillar att prata om sig själv och hur man mår. Men det gick rätt hyfsat. På sjukgymnastiken blev det fullt bollkrig. Gilla kastade en stor pilatesboll men hjälp av en i personalen på en annan i personalen.

Efter det gick vi till NIVA och hälsade på. De som hade haft hand om Gilla blev jätteglada när vi kom. T.o.m. doktor Peter kom ut och hälsade. Sen fick Gilla titta in i ett av rummen så hon fick se alla maskiner som hon varit kopplad till. När vi åkte upp åkte vi i båthissen och när vi åkte ner åkte vi i hissen som jag inte vet vad den ska föreställa. ☺ Gilla fick även se peruken som var tänkt till henne innan jag upptäckte hur fort håret växte ut.

Vi har upptäckt att rullstolen är rätt farlig. När Gilla lutade sig framåt för att rätta till sig blev den framtung och hon trillade ur. Som tur var så hände det inget allvarligt. Hon fick bara lite ont i ryggen.

På fredagen hade Gilla fått post. Det var från ambulanspersonalen som åkte med Gilla till Kristianstad. Jag tyckte det var jättegulligt av dem. Sen kom en annan tjej som också bodde på Hab-villan med en ask som hon hade gjort till Gilla. Den var jättefin med sol, måne och stjärnor på. På sjukgymnastiken kastade Gilla boll med högerhanden. Emellanåt kastade hon rätt hårt så styrkan börjar komma tillbaks i den. Sen var det åter dags att råka ut för färdtjänst. Taxin var beställd till 13.00 men kom strax efter 13.30. Den var också beställd som en "ensamtaxi" för att vi skulle slippa åka över halva Skåne och hämta och lämna folk. Men Samres hade gjort fel så där satt redan en i taxin. Fast som tur var så skulle vi av före honom.

När vi kom hem lyckades jag baxa över Gilla själv i soffan eftersom Lizzy inte var hemma. Sen kom nästa problem när hon behövde på toa. Fast tillslut fick jag över henne dit själv.

Lizzy var och handlade med Anna och Sara och de kom in sen innan de åkte hem. Saras mamma Rosita och Saras systrar Diana, Maria och Emma kom in och hälsade när de kom för att hämta Sara.

Förra helgen upptäckte vi att min rygg inte höll för att lyfta Gilla i och ur bäddsoffan så nu har vi burit bort den och burit ner hennes säng istället. Arbetsterapin här i Sölvesborg hade varit här och lämnat förhöjningar till sängbenen så den kommer högre upp. De hade även lämnat en bräda som vi har i badkaret så jag kan duscha Gilla här hemma med.

Det låg en present från Angelica, en av Gillas klasskompisar här när vi kom hem. Det var lite grodor och jag tror att Angelica blev jätteglad när Gilla ringde och tackade.

MusikMaria hade lämnat en sångbok till alla i kören så den låg också fint inslagen här när vi kom hem.

Tuffsara_93 F13 Från Sölvesborg Ja det är skönt att prata med Gilla Hon såg sååååå glad ut kram

_lina_93_ F12 Från Sölvesborg Hej hej! Jag hra pratat med Lizzy om jag kan hälsa på Gilla hemma hos henne nästa helg! Går det bra? Jag kanske tar med Frida.F om det går bra?

gunski F50 Från Bromölla Hej,Camilla.Vad roligt att Gilla använder högerarmen också..hon är så stark det är krut i henne...Hälsa och ge henne en kram från mig.pssst.en till dig med..Kram Gunsan

Hobson F57 Från Sölvesborg Hej Det var länge sen jag skrev har haft fullt hus har inte varit inne mycket på datan. Krama om Gilla från mig och hälsa att hon är stark och kommer snart att bli bra igen Kram Anette

Lör 3 jun 2006

Glömde ju berätta igår om en av Gillas kommentarer i veckan. Jag frågade henne om hon ville sitta kvar i rullstolen eller om hon ville lägga sig i sängen. Då svarade hon: Jag vill nog ligga i sängen om det inte är för mycket besvär. Vad säger man på en sån kommentar? Blev helt ställd.

Hundarna har vissa problem med rampen. Hector är lite för stor för att lyckas ta sig förbi den utan problem så i regel flyttar han den ena delen. Fast de lär sig efterhand hur de ska ta sig förbi den. ☺

Vilken cirkus det var idag. Skulle hem till min brors fru som fyllde år. Först mellanlandade vi hos mina föräldrar. Eftersom där inte är nån ramp tänkte jag först bära in Gilla och sätta henne på köksgolvet och sen hämta in rullstolen. Men med min pappa till hjälp lyckades vi lyfta upp rullstolen uppför trappan med Gilla i och sen nerför när vi skulle ut igen.

Sen kom vi till brorsan och hans fru. Först skulle vi ta oss över den knöggliga gräsmattan för att komma till altandörren. Men där var en rabatt ivägen så vi byggde en provisorisk ramp över blommorna och sen lyfte vi upp hela rullstolen in i huset. När vi kom in blev Kajsa, den ena papegojan, så rädd för rullstolen att hon flög in i de andra papegojornas bur. Enda gången jag sett henne rädd annars är det hon som skrämmer skiten ur oss. ☺ Sen fick vi möblera om lite vid matbordet för att Gilla skulle komma in med rullstolen. Ett akvarium fick flyttas. Vilket jobb vi ställer till med när vi kommer. ☺ När vi sen skulle ut flyttade vi rampen till dörren och brorsan och farsan bar rullstolen med Gilla i över blommorna. Tur hon hade säkerhetsbälte. :P

Idag satt Gilla vid datorn och svarade på alla sina meddelanden på Lunar. Var en hel del så råkade hon missa någon så var det inte meningen. ☺

Igår fick jag en smärre chock här hemma. Jag satte Gilla med ryggen mot fönstret i soffan. När jag sen tittade en stund efter så hade hon vänt sig helt så hon satt med ansiktet mot fönstret. Jisses vad den ungen snurrar och har sig. Det dröjer inte länge innan hon är på benen när hon väl fått av gipset. ☺

Nu är det mys med ungarna i soffan som gäller. ☺ Ha det bra allihopa!

_lina_93_ *F12 Från Sölvesborg* Så nu har jag varit iväg med frida.f och badat (kalt ibland)! vad jobbigt det måste vara med rullstolen ibland, men det är ju tur att sånt finns! kul att hon flyttar sig själv nu! ha det så bra så kommer jag nästa helg med frida eventuelt!Kram på er tre!BAMSE KRAM!!!!

mammarulle F34 Från Helsingborg Såå gött och höra...var rädda om er...kram

dilevafan F35 Från Sölvesborg Härligt...:o) Tänk att de ibland måste hända nåt för att man ska värdesätta de lilla här i livet och förstå va de egentligen e som betyder nåt!! Eller hur?? Ungarna e ju trots allt de finaste vi har! Hoppas ni haft en skön helg trots allt bök...;o) Solen skiner ju ida så njut av de!! Kramar till er allihop!!

kissekatten05 F22 Från Sölvesborg Va skönt att allt går så bra. Låter lite bökigt me rullstolen =) Kramar

The_sweet_Girl F11 Från Sölvesborg Hej.. vad skönt att hon kan flytta sig själv... jag saknar henne så .. kram

Sön 4 jun 2006

Gilla skulle egentligen tagit sin medicin kl 8 men jag tyckte både hon och Lizzy sov så gott så jag lät dem sova till 8.30. Gör inte så mycket om medicineringen blir flyttad en halvtimme.

Skulle iväg och handla. Eftersom det tar lite tid så ville jag inte lämna ungarna hemma om något skulle hända så det var bara att baxa in Gilla och rullstolen i bilen och köra till affären.

På hemvägen körde vi inom Petro men det var bara Pernilla och Bella hemma. Kan tänka mig att Petro blev skitsur sen för att hon missat det.

När vi skulle lägga Gilla i sängen råkade Lizzy slå i hennes ben. Gilla fick jätteont och Lizzy blev ledsen. Jag fick trösta Lizzy och säga att det inte var så farligt och att jag med råkat göra så.

På eftermiddagen tittade vi på hjälmen och kläderna som Gilla hade på sig när olyckan hände. Hon blev jätteledsen när hon såg vilka kläder det var och började gråta. Det konstiga var att det inte kom tårar men man såg att hon grät ändå. Måste kolla det med doktorn nästa vecka så får de kolla upp det. Kan ha hänt något med tårkanalerna.

Idag ringde jag upp narkossköterskan som var med i ambulansen. Hon blev jätteglad och berättade lite om vad de gjorde när olyckan hände. Kändes skönt att höra. Vi bestämde att vi skulle åka och hälsa på de som var med i ambulansen. Ska bli jättekul.

På kvällen ringde först Julia och Amanda och sen ringde Petro. Som jag gissat så var hon rätt sur över att hon missade oss innan idag. ☺ Men hon får komma och hälsa på nån dag istället.

finaste F13 Från Koskullskulle vad roligt att allt går så bra, Gilla är (som jag fattar det) nästan helt okej igen =) fast det är väl kanske bara för att man hoppas det, och för att allt går så snabbt! ☺ KRAM

Mån 5 jun 2006

Vaknade inatt av att jag tänkte på vad narkossköterskan sagt om hur nära det var att Gilla inte fanns mer. Tror inte jag riktigt har insett det förrän nu. Puh... Vilken tur att det inte blev så. Är helt säker på att det är ambulanspersonalens och narkossköterskans förtjänst att Gilla just nu ligger i sin säng och tittar på tv.

I morse när jag kom upp tittade jag ut och fick ett smärre spel. Hur sjutton ska jag hinna få altanen och poolen klar så jag kan köra vattengympa med Gilla där när gipset är borta? Största problemet är att där behövs schaktas innan jag kan påbörja bygget. Måste komma igång så fort som möjligt. *Suck* Det är bara att se glad ut och sätta igång... ☹

När Gilla hade ätit frukost råkade hon få syn på sin klippbok som jag håller på med. Där finns även några tidningsutklipp som jag fått av grannen. Det var första gången Gilla såg dem och jag blev väldigt nervös för hur hon skulle reagera när hon såg fotot. Inte en min rörde hon utan det enda hon sa var att hon ju inte var tolv år än. Tror inte hon riktigt fattade att det var hon och hennes cykel som var på bilden.

Var inte meningen att Gilla skulle hälsa på i skolan idag eftersom jag har lite problem att flytta henne själv. Fast jag lyckades baxa in henne i bilen och ut igen så hon fick komma och hälsa på klassen. Idag var de lite mer pratiga. ☺☺ Sen kom musikfröken också dit och sa hej. Efter det gick vi in i Lizzys klass så Gilla fick tacka för alla teckningarna och de fick ställa lite frågor. Vi råkade komma mitt i ett prov, vilket inte var meningen. Sen väntade vi utanför klassrummet tills Lizzy slutade. Då kom extraläraren i Lizzys klass och sa hej och jag passade på att ringa efter skolsköterskan som också kom ner och hejade.

Efter det skulle vi ner till stan och handla lite kläder eftersom de fick klippas upp vid olyckan. Tyvärr fick vi inte tag på likadant linne men Gilla hittade lite annat. Sen gick vi in i leksaksaffären för jag skulle handla lite som hjälper Gilla i hennes arbete att komma tillbaks ordentligt. Hon som jobbade där blev helt chockad när hon hörde att det var Gilla som hade varit i den olyckan. Jag körde även inom cykelaffären för jag skulle kolla om de hade sån hjälm som Gilla hade på sig. Nu vet jag att den är bra så jag kommer inte att köpa någon annan sort.

Igår gick det nog upp för Gilla lite mer vad hon varit med om för hon var jätteledsen och rädd och sa att hon aldrig skulle cykla med. Men så fort det går och om hon klarar av att cykla kommer jag att se till att hon kommer upp på en cykel igen. Det är det bästa för att övervinna rädslan.

På kvällen hade vi lite arbetsterapi här hemma. Gilla fick stoppa klossar av olika former i en box. Det skulle göras med höger hand och det är ju inte alls lätt när armen inte lyder riktigt och förflyttar sig dit man vill. Men det går bättre för var gång.

Sen ringde Tilda, Julia J och Emmie. Märks på Gilla att hon blir jätteglad när kompisarna ringer.

_finaste F13 Från Koskullskulle hon kommer cykla =)
Hobson F57 Från Sölvesborg Hej Gilla va skönt att du har kommit så långt, du kommer snart att bli bra igen Gilla och springer omkring och leker, busa,skojar med killarna, jag har sett foto på dig i Viktorias skolbok du är så söt skall du veta, säkert mycket omtyckt av killarna i skolan Krya på dig Kram Anette

Tis 6 jun 2006

Idag har det varit en händelserik dag. Vi åkte till ambulansstationen i Karlshamn och hälsade på ambulansförarna och narkossköterskan som tog hand om Gilla när olyckan hade hänt. När vi kom dit blev det världens kramkalas och vi fick titta på en sådan ambulans som Gilla hade åkt och de visade och berättade vilka saker de hade använt. Bland annat brädan som Gilla hade legat på. Det var jätteintressant att höra och det märktes på Gilla att hon verkligen lyssnade på vad de berättade. Gilla fick även titta på fotona på sig för första gången och narkossköterskan berättade vad det var hon såg. Jessica, narkossköterskan, hade med sig godis och en dinosauriemjukis till Gilla. Av Tommy och Martin, ambulansförarna, fick hon en tvättbjörn. De hade ju glömt att ge henne den när hon åkte i ambulansen. Gilla fick även ett diplom som miniambulanssjukvårdare. Det fick hon för att hon ska hjälpa dem att berätta i skolan hur viktigt det är med hjälm och reflex. Fast det blir inte förrän till höstterminen. Innan vi skulle köra hem tog vi en massa gruppfoton på alla som var med.

När vi körde hem körde vi inom min gamla chef och hans familj och sa hej. Robban verkade bli så glad så han inte visste riktigt vad han skulle göra men sen blev han sitt gamla vanliga förargliga jag. ☺ Gilla var jätteglad över att få träffa dem.

Nu är det packning som gäller eftersom vi åker till Lund i morgon bitti så nu blir det ingen ny blogg förrän på fredag.

mammarulle F34 Från Helsingborg Hoppas ni får en bra vecka i Lund..Kramisar från oss....

Fre 9 jun 2006

Glömde min dagbok hemma när vi åkte till Lund i onsdags så jag har inte kunnat skriva några minnesanteckningar. Får försöka komma ihåg istället vad vi gjort. ☺

Den här veckan var Lizzy med oss i Lund för att hon skulle få se vad Gilla gör där och för att personalen där skulle få träffa henne och prata med henne.

En dag lånade arbetsterapeuten Teresia några rullstolar med stora hjul. Gilla fick ha den ena så hon fick prova att köra själv och den andra var till Lizzy för att hon skulle få testa och se hur det var att köra rullstol. Båda två hade jättekul när de körde runt i parken och sen hade vi picknick med plättar och dricka. Det var jätteskönt att sitta där och se Lizzy och Gilla härja runt med rullstolarna. Det gick jättebra för båda två. Gilla hade lite problem eftersom höger arm fortfarande inte är helt ok så hennes rullstol ville inte köra rakt. Men det gick bra ändå.

Sen har vi spelat rätt mycket olika spel. Jag och Gilla spelade ett där man skulle hänga saker på en kamel tills den reste sig upp. Både jag och Gilla blev jätteskraja när den flög upp så vi spelade bara det en gång. ☺

En dag fick Gilla prova på att bre sin egen ostmacka och blanda O´boy samtidigt som de filmade henne. Anledningen till att de filmade var att man ser mycket mer på filmen och sen kan vi jämföra den i slutet av sommaren mot hur hon är då.

Idag chockade Gilla både mig och barnskötaren Connie. Hon skulle sitta på tippbrädan och böja det ogipsade benet bakåt. Utan att varken hon eller vi reagerade satte hon ner hela foten i golvet precis som man ska och det har hon inte gjort innan. Samtidigt släpper hon händerna som hon har som stöd när hon sitter och lägger dem i knät. Gilla satt jättestadigt och bra. Var jätteskönt att se. Ytterligare ett steg framåt. ☺

När vi kom hem åkte vi direkt in till Sölvesborg och hämtade vårt handikappsparkeringstillstånd. Sen tog vi en tur på stan. De första vi mötte var Emmie och Julia. De nästan kastade sig ut ur bilen när de fick syn på Gilla så deras mamma fick stanna och släppa ut dem. Direkt efter det kom Tilda. Syntes på Gilla att hon blev jätteglad när hon fick träffa alla dem. Sen sprang vi på Ingrid från mitt jobb och Inga som har jobbat där. På torget stod Christer som hade jobbat på fritan innan. Han blev alldeles vit i ansiktet när han fattade vem det var som satt i rullstolen och att det var henne som det hade stått om i tidningarna.

Sen satt vi och tog en glass i lugn och ro. Just då kommer ett gäng tjejer och jag känner igen den ena som Teresia som jobbar på Hab-villan i Lund. Fast det tog ett tag innan jag fattade att det var hon. Det var ju på fel plats som vi träffade henne. Antar hon kommit hit för att gå på rockfestivalen.

Kom på att jag inte har berättat något om alla Gillas mediciner. De är ju en del fast inte lika mycket som innan. På morgonen tar hon Andapsin och Laktulos för magen och Dolcontin som är smärtstillande. Innan hon ska göra något ansträngande får hon Oxynorm som är ett morfinpreparat mot smärtan. På kvällen får hon Dolcontin igen mot smärtan och Theralen som är ett sömnmedel. Sömnmedlet tänkte jag att jag skulle försöka sluta med för jag tror inte hon behöver det så mycket nu. Men skulle jag märka att hon inte kan sova så får hon ta det igen.

Just nu sitter Gilla och vräker sig i soffan och tittar på tv och plockar med sina nya Winxdockor. Jättebra att hon håller på med dem för då övar hon upp finmotoriken utan att hon har tråkigt. ☺

anni7 F44 Från Sölvesborg wow!!!

Tuffsara_93 F13 Från Sölvesborg Det är skönt att läsa alla Gillas framsteg!!!! Du får hälsa till Gilla från familjen Magnusson!!// Sara P.S. Gilla fortsätt att kämpa på D.S.

mammarulle F34 Från Helsingborg underbara framsteg...

Lör 10 jun 2006

Fick köra och byta mina nya skor som jag köpte igår. Ett spänne saknades och det såg jag inte när jag köpte dem. Så det var bara att packa in Gilla och rullstolen i bilen och köra.

När vi ändå var i Bromölla passade vi på att köra till Frida och Emilia och säga hej. De såg helt chockade ut när vi kom. ☺ När vi körde hem körde vi inom affären för att köpa ostbågar. Gilla har varit sugen på det i flera veckor. Vem sprang vi på där inne om inte sjukskötaren Jens som jobbade på avdelningen i Kristianstad. ☺ När vi pratade med honom löste sig våra middagsproblem. Han berättade att de skulle grilla och då kom vi på att vi med kunde göra det. ☺

Väl hemma drog jag igång grillen och Gilla satt i rullstolen och solade lite. Blev nog rätt varmt under gipset kan jag tänka mig.

På kvällen fick vi ett ryck att vi skulle köra till rockfestivalen. Ringde min gamla chef som har mc-fiket där och

96

frågade om han visste om det fanns handikapparkering på området. Det visste han inte men vi fick parkera hemma hos dem så det löste sig ändå. När vi kom dit gick vi direkt in på mc-campingen för att säga hej till Robban och Anne-Lie som jobbade för fullt på fiket. Sen gick vi en runda utanför själva festivalområdet och där träffade vi Lena som jobbar på fritidsgården så vi stannade till och pratade lite. Sen köpte ungarna varsitt par örhänge och naturligtvis Langós. Det bara måste man ha. Vi träffade även Linas storasyster Maria. När vi gick tillbaka till bilen mötte vi Putte och Folke från Joms mc, så det var gott om folk vi kände där. Vi gick även inom Jens och där satt Filip, Emil och Fredrik men de var fullt upptagna med fotbollen på tv. ☺

När vi kom hem igen kände jag att jag hade jätteont i armarna. Det frestar på som bara den att köra en tung rullstol. Hoppas det inte blir så länge till som jag behöver göra det. Återstår att se hur det är med balans och sånt när Gilla väl blir av med gipset och hon får börja stå. Har vi otur så kanske skadorna i hjärnan har satt sig på balanssinnet, fast jag hoppas inte det. Hon verkar ju rätt stadig.

Sön 11 jun 2006

Kom på en annan sak som jag glömt att skriva. Nu i veckan tittade jag och Gilla på ett program som hette På liv eller död. Där visade de en kille som hade trillat ner för ett tak och fått blödningar i hjärnan precis som Gilla. Man fick se hur han låg med huvudet i bandage och alla apparater kopplade till honom. Det var som att se Gilla igen och sen visade de när föräldrarna fick beskedet att han kanske inte skulle överleva. Då kom allt tillbaks när vi med fick det beskedet. Efter det fick man se hur han hade det idag. Då visade det sig att han inte heller tittade med höger öga precis som Gilla. Fy det var hemskt att se för jag återupplevde alltihopa igen. Men jag kunde inte lämna Gilla och gå därifrån utan jag var tvungen att sitta kvar och sen berätta för henne att exakt så såg hon ut när hon låg på sjukhuset och att vi också hade fått motsvarande besked som hans föräldrar fick. Till slut var jag tvungen att gå ut och ta lite luft och då stod jag bara och skakade. Men jag tror det var bra för Gilla att se det för då såg hon lite mer hur det var när hon låg så.

Idag har varit en rolig dag för Gilla. Lina och Frida F kom hit. De hade picknick på studsmattan och sen spelade de Twister. Gilla snurrade på plattan och Frida och Lina stod på mattan. Lizzy tittade bara på. Det var jätteskönt att

98

höra alla fyra ungarna när de gapskrattade här inne. När Frida hade åkt satt Lizzy och Lina på en madrass på golvet. Rätt som det var så hade Gilla med tagit sig ner där alldeles själv. Nu gäller det att binda fast henne. ☺ Sen tog hon sig upp i soffan igen alldeles själv. Lina hjälpte henne bara med ena benet. Sen körde vi Lina hem och överraskade hennes mamma Gunilla. Hon blev jätteglad när vi kom för hon har inte träffat Gilla sen ett par dagar innan Gilla började prata. När vi satt där cyklade Emmie, Julia och Frida E förbi så vi kallade in dem så de med fick träffa Gilla. Alla ungarna skrev på Gillas gips. Syns ju inte så bra eftersom det är lila men Linas namn lyser för hon var den enda som skrev där det är rosa. ☺

Nu är det packning som gäller eftersom vi åker till Lund i morgon bitti igen. Fast nu är det bara till torsdag eftersom det är skolavslutning på fredag och Gilla ska vara med där.

Shelob F27 Från Oxelösund hejsan, vill bara lämna en liten hälsning, har sträckläst din "dagbok" om lilla Gilla. Vilka underbara flickor du verkar ha, och det är skönt att se att du har humorn kvar trots att detta hemska drabbat er. Jag ska hålla alla tummar och tår för fler framsteg. Ta hand om varandra och ha en skön sommar ☺

solhatt F55 Från Bromölla Hej Camilla. Jag har suttit här och läst igenom det senaste du skrivit. Det gör mig glad att Gilla är hemma och att allt går framåt. Ser att mina systrar skriver också. gunsan och hobson. Jag har tänkt mycket på Gilla och ännu mer nu sen jag körde omkull med cykeln förra veckan. Jag fick in och tejpa i pannan och fick blåmärke och ont i nacken. tänkte då på Gilla och kan tänka mig hur det tog när man blir påkörd av en bil när man cyklar. Jag ska nog köpa en cykelhjälm. Jag tuppade ju av några minuter av smällen, så det kan ta illa. Ha det bra och hälsa Gilla. Många kramar.

Tors 15 jun 2006

Så var det dags för ännu en vecka i Lund.

I måndags skulle vi till röntgen och ortopeden. Gissa om vi höll tummarna för att Gilla skulle slippa gipset. Jodå det slapp hon. Vilken lycka. ☺

Tack vare att Gilla slapp gipset kunde hon börja med vattengympa. Det var ju bara sååå skönt. I vattnet är hon som nästan vilken annan tjej som helst. Benen hänger inte riktigt med så hon måste ha badring men det blir inte så länge till. Hon till och med simmade under vattnet och dök.

100

På sjukgymnastiken har Gilla fått börja stå på golvet. Hon tog även några steg. Såg ut att gå jättebra. En dag kombinerade de sjukgymnastik och handterapi. Då fick hon stå på tippbrädan och måla sin barbafigur i gips som hon hade gjort.

På onsdagen skulle Gillas klass ha grillfest. Det var bara att sätta sig i taxin 1 1/2 timme för att komma dit (o lika lång tid tillbaka på kvällen). Väl där överraskade vi hela klassen för det var bara Lina och Linas mamma Gunilla som visste att vi skulle komma. Gilla var jättedeppig för att hon inte kunde springa runt med de andra. Men sen när vi lekte charader kunde hon vara med. Jag och Gilla gjorde ordet utedass. Det gick kanonbra. ☺ När vi sen skulle fika lyfte jag och Emmie ner Gilla på marken så hon kunde sitta bland sina kompisar. Det kändes jätteskönt för henne för då märkte hon inte av sitt handikapp så mycket. Klassen hade samlat ihop till en present till Gilla. Hon fick pengar att handla kläder för och ett presentkort på smycken. Gilla hälsar och tackar alla så mycket för det. Hon blev jätteglad (fast hon inte klarade av att visa det riktigt när hon fick det).

På torsdagen körde Gilla upp för sitt rullstolskörkort. Det gick kanonbra. Hon klarade alla konerna på 40 sekunder och inte en enda boll trillade ner.

Det som jag märker av Gillas hjärnskador är att hon är aggressiv. Det kan räcka med att en fluga sätter sig på henne för att hon ska explodera. Hoppas det släpper snart. Det andra är att hon har väldigt svårt att komma ihåg saker. I skolan hjälper de henne med att säga början på ordet för att hon ska kunna plocka fram det ur hjärnan. Så lär det nog bli ett bra tag framåt om det någonsin släpper.

Jag berättade för psykologen idag att jag hade funderingar på att skicka den här dagboken till ett bokförlag och försöka få den tryckt. Kan vara till hjälp för andra föräldrar i samma sits. Hon tyckte det var en jättebra idé och sa att jag skulle göra det. De hade med haft nytta av den till kommande barn och föräldrar. Vad tycker ni? Ska jag göra en chansning och försöka få den tryckt?

_lina_93_ F12 Från Sölvesborg Gör det det tycker jag! JJJJAAAAAAAAAAAAAA

hip_andy P12 Från Sölvesborg Ja, Det är klart att du ska ☺

dilevafan F35 Från Sölvesborg Absolut!!Verkligen en bra idé, Camilla!!Ha en underbar helg på er!!Kramar..

Tuffsara_93 F13 Från Sölvesborg jaaa det ska du!!!

The_sweet_Girl F11 Från Sölvesborg Det var väl julia men det spelar ingen roll!!

Nettanettan F33 Från Helsingborg Japp, gör det!! ;)

Music_Mandan F10 Från Sölvesborg Det tycker jag absolut!!

Fre 16 jun 2006

Skolavslutningsdag. Gilla och Lizzy var jättefina i sina avslutningskläder. Gilla rullade in ihop med klassen i kyrkan. Sen sjöng klassen och kören en sång som de tillägnade Gilla. Så fint det var. Jag blev nästan gråtfärdig. Det värsta var att ta sig från kyrkan till klassrummet för vi blev stoppade hela tiden av folk som ville prata. Vi smugglade in blommor till fröknarna som Lina och Gilla delade ut. och sen var det världens kramkalas för alla skulle krama alla inför sommaren. När allt var slut kom en som brukar skriva till mig här på Lunar och sa hej. Hennes barnbarn går också på Mjällby skola och det var därför hon var där. Både jag och Gilla tyckte det var jättekul att träffa henne. Det är roligt när folk som skrivit till oss här kommer fram och säger hej för då får man ett "levande" ansikte på den som skrivit.

När allt var slut körde vi och mormor ner till stan och tog en fika. Naturligtvis var handikapparkeringen upptagen så vi fick stanna en bit ifrån. Måste hela tiden tänka på att jag ska kunna öppna dörren helt så jag får Gilla in och ut ur bilen.

Lite senare på dagen när Gilla hade vilat lite åkte vi in till stan igen. Gilla skulle handla för pengarna och presentkortet som hon fick av klassen. Hon köpte tre linnen, ett par shorts, två par örhängen och en ring. Ändå blev det lite pengar över så det får väl bli en vända till en annan dag.

På kvällen kom en kompis till mig hit. Borne kallas han. Gilla var sugen på kinamat så då blev han med det. ☺ Det var bara att köra och hämta det. Sen bar han upp Gilla till hennes rum. Det var första gången på nästan två månader som hon var där uppe. Hon var överlycklig.

Hon hasade sig själv in på Lizzys rum så hon kunde titta på Lizzys nya skrivbord. Efter det bar Borne bort henne till soffan och flyttade dit flygeln så hon kunde spela. Hon kom ihåg lite av det hon hade spelat före olyckan. När jag berättade för Linas mamma Gunilla att han hade burit upp Gilla till sitt rum blev hon så rörd så hon nästan började gråta. ☺

Den nya rullstolen som vi fick igår var inte bra. Den går inte in på toa så jag måste bära Gilla från köket och in där. Får kolla upp om de inte kan skaffa en smalare. Den vi lånade i Lund gick in genom dörren så det måste finnas smalare.

En liten rättelse. På grillfesten skrev jag att det var Emmie som hjälpte mig att lyfta ner Gilla på marken. Det var det inte för det var Julia. (Hoppas det blev rätt nu) De är så lika så jag ser ingen skillnad på dem och när jag frågade Lizzy och Gilla så trodde de att det var Emmie. Rätt ska va rätt... ☺ Jag ber så mycket om ursäkt.

När Gilla tittade på tv bad hon att få block och penna. Sen skrev hon ner några siffror (tror det var något klockslag) med vänsterhanden. Det var riktigt fina siffror. Första gången hon skrev med vänstran. Så det går ytterligare framåt. ☺

Hobson F57 Från Sölvesborg Hej Camilla och Gilla Det var roligt att träffa er igår, jag såg inte när ni kom in, för det stod en kompis till min son ivägen när ni kom in, jag såg er först när ni stod vid klasskompisarna till Gilla. Jag var bara tvungen att krama om er, det blir kramar här men inte samma närkontakt, jag skall skriva ut fotot som jag tog så ni får det. Vi hörs och ses Tusen kramar Anette

solhatt F55 Från Bromölla Hej jag pratade med min mamma idag hon var på skolavslutningen i Mjällby hon har barnbarn som går där. Hon berättade att de sjöng en sång för Gilla. Hennes barnbarn heter Emma, Sara och Maria Magnusson. Roligt att Gilla kunde vara med, det är skönt nu för nu kan ju hennes skolkamrater också vara med henne mera. Ha det bra och kramar från mig.

Lör 17 jun 2006

Så var det dags för en ny dag. Eftersom Lizzy inte är hemma så blev det jag som fick tillbringa natten på madrassen på golvet bredvid Gillas säng. Någon måste alltid ligga där om det skulle vara något på natten. Det kan vara att hon har ont eller att hon behöver på toa eller något.

Gilla har ju problem med minnet så hon kommer inte riktigt ihåg vad hon sagt eller gjort och tror att hon alltid har rätt. Det gör Lizzy så arg så hon vägrar komma hem. Måste försöka prata med Gilla om det och förklara för henne att hon inte kan hålla på att bråka med Lizzy så.

En annan sak som jag upptäckt med Gilla nu är att hon inte kan göra två saker samtidigt. Tittar hon t.ex. på tv och man börjar prata med henne så hör hon inte det. Det är likadant om hon leker eller gör något annat så märker hon inte när man pratar med henne.

Idag har varit en riktig slappedag. Gilla har mest legat och tittat på tv och suttit lite vid datorn. Hon försökte även rita lite fast hon blev sur när det inte blev som hon ville. Försökte förklara att det inte blir riktigt lika bra som innan nu när hon måste rita med vänstran. (Hon är ju högerhänt i vanliga fall).

Körde lite sjukgymnastik. Det gick bra fast hon fick lite ont när jag gjorde fottöjningarna på henne. När hon skulle öva på att stå gick det kanonbra.

Eftersom den nya rullstolen inte går in på toa så måste jag bära henne från köket och in dit. Ni kan ju bara ana hur mycket det känns i ryggen nu. Sen är det ju allt flyttande till och från rullstolen när hon ska till soffan, sängen eller datorn.

Jag fick brev från polisen nu i veckan att förundersökningen läggs ner för brott kunde inte styrkas. Så var det med det... Känner att jag inte orkar lägga ner nån energi på att gå vidare med det utan den energin lägger jag hellre på Lizzy och Gilla.

mammarulle F34 Från Helsingborg Fyy fan för polisen...de ger upp för lätt....måste ju finnas något vittne..eller pallar de inte undersöka saken...allt är så jäkla orättvist i detta samhälle..förstår att du lägger din energi på barnen....helt klart ska du göra det...kramen..ps hälsa även till barnen *zimba2 F34 Från Olofström* vilka dumma poliser..bara lägga ner så...fanns de inga vittnen ? typiskt poliser att lägga ner ..

Sön 18 jun 2006

Så var ännu en dag nästan över. Tog det lugnt idag med.

I morse när jag stod i duschen så började Gilla gallskrika. Jag trodde att hon hade trillat ner från sängen så jag fick tag i morgonrocken och rusade ut. Det visade sig att det bara var telefonen som ringde och att det var därför hon skrek. Var ju inte världens vackraste när jag kom rusande med håret fullt med schampo. ☺

Amanda, Emmie och Julia var här. De hade med sig blommor, choklad, en ring och badgelé i en grodförpackning. Gilla tyckte det var jättekul när de kom. Sen satt alla och tittade på Titanic. Fick nästan tömma huset på papper till "böllisorna". ☺ Skojar bara... De lyckades hålla sig alla fyra. ☺

När de hade åkt blev jag och Gilla lite ovänner. Eftersom hon inte alltid känner när hon behöver på toa så försöker jag hålla fasta tider. Nu gav hon sig den på att hon inte skulle in där. Sen var cirkusen igång och eftersom hon har sånt humör nu så kan ni ju bara tänka er. Fast hon var inte så arg, hon grät mest bara.

Jag har pratat med Gilla om det här med att hålla på att bråka med Lizzy och alltid tro att hon har rätt. Hoppas hon sköter sig nu. Försökte förklara att Lizzy saknar henne jättemycket och att hon blir ledsen när Gilla håller på så. Nu återstår bara att se hur länge det håller.

När vi körde sjukgympa så hade hon lite ont i vänsterbenet så jag vågade inte köra för mycket. Vill ju inte att hon ska få jätteont. Fast det gick bra att stå en liten stund idag med. ☺

Hoppas att de äntligen kommer nu i veckan och lagar tvättmaskinen. Den gick sönder strax efter att vi hamnade på sjukhuset så ni kan ju tänka er hur mycket tvätt här är. Har tvättat en del för hand i badkaret men det är ju inte höjdarkul precis och en del har jag skickat med mina föräldrar hem. Men emellanåt har det varit lite kris på kläder. :P

Den här veckan ska vi vara hemma för rehabcentret i Lund är stängt hela veckan men nästa vecka åker vi dit igen.

Mån 19 jun 2006

Idag körde vi en runda till mitt jobb och hälsade på. Det var inte så många kvar där för nästan alla lärarna hade gått på sommarlov. Men lite personal kunde vi säga hej till. Vi letade även upp städerskorna så vi fick heja på dem med. Gilla tyckte det var toppen att vara där för hon kunde köra rullstolsrace i korridorerna. Perfekt tillfälle för henne att köra lite. ☺

Sen körde vi till apoteket för att hämta medicin. Först fick vi vänta i nästan en timme innan det var vår tur. När vi väl kom fram hade de inte smärttabletterna i små förpackningar utan bara i större förpackningar. Men de fick bryta en sån och plocka ut så många som vi hade på vårt recept.

Efter det körde vi till arbetsterapin. Vi var tvungna att plocka bort drivhjulen på rullstolen så vi kunde komma in på toa med den här hemma. Nu kommer vi in där utan problem och jag slipper bära Gilla från köket och in där.

Sen körde vi en runda hem till Julia S och hennes familj. Där fikade vi och Lizzy och Gilla tittade på alla kaninungarna. Jag lyckades ta oss därifrån utan att en kaninunge följde med oss hem. En stor prestation när det gäller mig. Jag har väldigt svårt för att hålla mig från att skaffa fler små söta djur. Deras hund Mimmi gillade när vi kom för hon blev rejält omklappad av Lizzy och Gilla. Julia och Rebecca hade gjort en del teckningar som de lämnade till Gilla.

Fy vad irriterad jag blir på alla dessa folk som ställer sig på handikapparkering fast de inte har tillstånd. De tänker inte på oss som behöver dem. En tant ställde sin bil ända in till min så jag fick be henne att flytta den så jag kunde öppna dörren helt så jag kunde få in Gilla.

På vårdcentralen fick jag backa bak bilen nästan ända ut på vägen för att någon hade ställt sig så nära så jag inte fick upp dörren. *Suck*

Natten som var, var ingen höjdare. Nu börjar allt som hänt komma ifatt och jag var rätt nere. Sov knappt någonting så jag är rätt slut nu. Innan har jag haft en kompis som alltid funnits där och det har räckt att prata med honom för att jag ska må bättre. Tyvärr har den kontakten tagit slut. En annan sak är att vid sådana här tillfällen upptäcker man vilka som verkligen är ens vänner. Vissa har försvunnit men samtidigt har det kommit nya som verkligen ställer upp när det gäller. Problemet är bara att jag inte klarar av att be folk om hjälp. Men jag är verkligen glad att de finns...

gunski F50 Från Bromölla Hej Camilla.Tänker mycket på er..förstår att det är jobbigt,men samtidigt går det framåt. Ni får ha det så bra...Många kramar till dig och Gilla./Gunsan

Tis 20 jun 2006

Min värsta mardröm slog in idag. Jag sträckte ena skuldran direkt på morgonen. Det var bara att fylla mig med värktabletter så jag skulle klara av att lyfta Gilla. Tyvärr var det inga muskelavslappnande så det hjälpte inte så mycket. Det var bara att bita ihop och försöka att låta bli att skrika av smärta. Hade mina funderingar på att "låna" av Gillas morfintabletter men det hade inte varit så bra.

Vi tog en tur till Markislagret och Eko för ungarna skulle handla lite. Jag fick köpa ytterligare en pärm till Gillas klippbok för hon har fått så många teckningar och kort så de fyller en hel pärm.

Fick mail här på Lunar av en av ambulanskillarna. Han hade loggat in på sin dotters nick. Det var jättekul att läsa det. Han undrade om vi hade fått hjälp av Lions än med altanen och poolen. Det har vi inte. Vi har inte ens hört av dem om de har möjlighet att hjälpa oss eller inte. Får vänta och se vad som händer.

På eftermiddagen kom en kompis, Annica, hit. Hon jobbar på färdtjänst här i Blekinge och körde oss hem i torsdags. Vi satt och fikade och snackade lite skit. Var rätt skönt att bara sitta så.

När Annica hade kört och vi satt och åt middag sa Gilla att hon hade lite ont i ryggen. Fy vilken dålig mamma jag var upptäckte jag. Hon hade suttit i rullstolen i nästan 10 timmar. Inte konstigt att hon hade ont. Så fort vi hade ätit klart la jag henne i sängen framför tvn så hon fick sträcka ut sig.

Nu tittar både Lizzy och Gilla på en film och jag ska med slänga mig i soffan. Antagligen somnar jag efter fem minuter. Kan ju inte hålla mig vaken när jag sätter mig ner. ☺

miian F23 Från Kristianstad du är en GRYMM mamma inget annat!!!!!!!

Ons 21 juni 2006

Usch nu har det hänt som jag fasade för. Ett av spiken verkar ha börjat "krypa". Man kan se och känna det genom skinnet. Får ta det med läkaren direkt på måndag när vi kommer till Lund. Blir kanske så hon måste operera om benet då, men jag hoppas inte det. Har fått nog av att se henne "sovande".

Lämnade tillbaks Gillas "HD" idag. Vi behöver ju inte två rullstolar och den var så klumpig att få in i bilen. Den nya är ju mycket lättare att få in och så kan hon ju köra den själv. Passade även på att lämna tillbaks toastolen som vi lånat. Var rätt jobbigt att lyfta Gilla över armstöden och nu behöver hon ju inte dem något mer så hon kan sitta på den vanliga toastolen.

Körde in till sjukhuset i Kristianstad och hälsade på avdelningen vi låg på. Alla blev jätteglada för de hade undrat mycket hur det var med Gilla. Nu äntligen kunde vi lämna tillbaks deras byxor som vi lånat och även passa på att lämna alla serietidningar, cd-skivor och filmer som vi skulle skänkt dit redan när vi låg där. Tyvärr var varken sjukgymnasten Maria eller arbetsterapeuten Gulli där idag så dem fick vi inte träffa.

Vi körde hem till mina föräldrar en runda. Naturligtvis blev Gilla åksjuk igen, men den här gången hade vi "kräkpåsarna" som vi fick av ambulanskillarna. Fast de behövdes som tur var inte. När vi körde hem blev Gilla åksjuk igen och ville inte ens ha McDonalds mat. Då mår hon inte alls bra. ☺ Kan vara den kvava luften hon blir sådan av.

Vad kan man hitta på en midsommar här? Brukar inte fira midsommar i de här trakterna och nu måste vi ju tänka på att man kommer fram med rullstol och även att det finns toalett som Gilla kan komma in på. *Suck* Mycket att tänka på. Alla förslag mottages tacksamt... ☺

114

Jullibull_94 F12 Från Sölvesborg hejhej! jasså ni har lämmnat harley davison rullstolen! ;) haha. snart kan gilla gå själv till toaletten ;) hoppas det iaf. H´mm, har ni inte hittat nån stans och va på midsommarafton än? hoppas ni kommer på nått. ha det super. puss&kram /julia.j p.s du har skrivit Del 46 på denna med. det ska nog vara del 47 ;P hi hi ☺

Tuffsara_93 F13 Från Sölvesborg Man kan vara i mjällby utanför försammlingshemmet där är det bra plats, man kan gå på toa och allting med Gilla där!! kramizar sara

Tors 22 jun 2006

Idag har vi för en gångs skull varit hemma hela dagen. ☺

Lizzy hade besök av Sara. När de var ute och hoppade på studsmattan var Gilla med ute och tittade på. Det märktes på henne att hon var ledsen för att inte hon med kunde vara med.

En av ambulanskillarna skrev och sa att de kanske kan plocka bort spiken med lokalbedövning. Det hade ju varit det bästa för då hade jag sluppit se Gilla sövd igen.

Jenny från arbetsterapin i Karlshamn var här och hälsade på. Hon ska ta över Gilla när vi är klara i Lund.

Ibland kommer hon att komma hit och ibland åker vi till Karlshamn.

Eftersom Gilla inte fixade att äta hamburgare igår så beställde hon det till middag idag. Jag köpte en med ost och ketchup till henne men när jag kom hem så var det sallad, dressing och rå lök på den. Gilla blev jättesur. Det hjälpte inte att jag skrapade bort det och satte dit ost och ketchup. Hon vägrade att äta den ändå. Fick offra min kebabtallrik till henne istället. :P

När jag kom hem var Petro och Tilda S här och hälsade på. De "galningarna" cyklade från stan till Hällevik och tillbaks. Blir trött bara jag tänker på det. Tilda hade en likadan hjälm som Gilla hade vid olyckan. En jättebra sådan och jag tänker köpa en likadan igen när det väl blir dags (eller om) det blir dags för Gilla att cykla igen.

Nu beställde Gilla varm choklad så det är väl bara att "offra" sig och gå och fixa det. ☺

Ha en trevlig midsommar!!!

The_sweeety F11 Från Sölvesborg vi är inga "galningar" // petro och tilda

Fre 23 jun 2006

Hela gårdagen tog det att spara ner allt jag skrivit i dagboken här plus alla mail och gästboksmeddelanden (förutom de som försvunnit... ☹) och ändå blev jag inte klar. Ska skriva ut dem och sätta i Gillas klippbok så hon kan läsa allt jag och ni har skrivit.

Vilken vändning allt kan ta. Fick mess i morse från Nina som vi skulle fira midsommar med. Hon låg sjuk och ville inte smitta Gilla. Vad gör vi nu? Kör ner en runda till Folkets park i Bromölla men där var bara lite sång och dans. När Gilla undrade om där inte fanns något hon kunde göra började mitt hjärta blöda och jag bestämde mig för att det var dags att köra hem.

När vi kom hem gjorde vi en stor jordgubbstårta som vi satte i oss på tre personer. Ingen har magont... än... ☺. Fast sen messade Nina att hon var ok så vi bestämde oss för att ändå köra dit.

Väl hos Nina och hennes familj hade vi jättekul. Det var första gången jag såg Gilla som hon var före olyckan. Hon t.o.m. bröt arm med Totte och Frida. Fast eftersom hon fortfarande är svag i armarna så förlorade hon. Men hon var lika glad för det. Jag fick många glada och väldigt tramsiga ☺ skratt ihop med Nina. Precis vad jag behövde just nu.

När vi kom hem tittade en kompis, Björn, och hans kompisar in och önskade glad midsommar. De ville att jag skulle med och nattbada men eftersom läget är som det är så kunde jag inte. Rätt synd för det hade varit kul.

Gilla kör runt så gott hon kan i huset nu med rullstolen. Hon till och med förflyttar sig till och från sängen och i rullstolen själv. Fast när hon parkerade en gång idag blev det ett himla liv på Hector. Hon hade råkat parkera på hans svans. Gissa om vi skrattade gott. ☺

Ha en fortsatt trevlig midsommar!

Hipster F34 Från Sölvesborg *hehehe*

Lör 24 jun 2006

Det märks att min skuldra fortfarande inte har läkt sen jag sträckte den för några dagar sedan. Gör jätteont var gång jag ska lyfta Gilla så emellanåt har jag knappt kraft att lyfta henne.

I morse var det jättesvårt att väcka Gilla. Blev ju en sen kväll så hon var jättetrött och jag kände mig som en elak häxa för att jag var tvungen att väcka henne för att hon skulle få sina mediciner. Det hade varit rätt skönt om hon snart kunde slippa dem så hon kunde sova hur länge hon ville.

118

Idag var vi på släktträff i Hanaskog. Gilla var jättedeppig för hon kunde ju inte vara med de andra ungarna och göra vad de gjorde så hon ville hem rätt fort. Hoppas hon snart kan gå lite grand i alla fall så hon kan göra lite mer som andra ungar gör. Det ar jättejobbigt att se henne så ledsen. Min moster Pia hade med sig en stor porslinsko och ett kort till Gilla. Men hon hade glömt skriva i kortet vem det var ifrån. Inte bara jag som är virrig. ☺

När vi sen kom hem, satte vi i oss den lilla, lilla biten som var kvar från jordgubbstårtan igår och nu ska vi vrålkränga godis och läsk. ☺

Nu har tankarna börjat komma om hur pass "normalt" liv Gilla kommer att få. Kommer hon att kunna gå ordentligt? Tårna pekar ju inte alla åt samma håll. Vilka skador har det blivit i hjärnan och hur omfattande är det egentligen? Kommer de att läka eller får hon leva med dem? En läkare sa att det fanns risk för att hon kunde utveckla epilepsi. Kommer det att bli så?? Kommer ögat att öppna sig och fungera som det ska? Många tankar och tyvärr inga svar.

gunski F50 Från Bromölla Hej Camilla.Förstår att det är tungt...ibland.Men man måste ändå kämpa på,fast man nästan knäar fram......Tänker mycket på er och ber för er.Hälsa Gilla så gott..med många kramar.God fortsättning på helgen..

Hipster F34 Från Sölvesborg Så är det ju nu, Milla. Mycket funderingar eftersom det lugnat ner sig och ni vant er vid Gillashandikapp så kommer allt det jävliga fram ☹

Sön 25 jun 2006

Igår när vi gjorde sjukgymnastiken överraskade Gilla mig IGEN! Fast det inte står på listan att vi ska köra lite gåträning så gjorde vi det ändå. Jag stod bakom Gilla och höll i henne ordentligt. Sen lyckades hon gå från sängen till soffan och vidare till rullstolen. Hon är jätterädd att det ska göra ont i knäna när hon går så hon vågar inte böja på benen. Försökte förklara att det bara var i början det gjorde ont och eftersom hon hade gjort knäböj utan problem så skulle det inte kännas något. Men hon gick ändå helt stelbent. Men det släpper väl med. ☺

Ungar är roliga. Jag hade sagt till Lizzy att vi kunde ligga här nere hos Gilla varannan natt så slapp Lizzy ligga på madrassen på golvet hela tiden. Men det gick inte Lizzy med på utan hon skulle ligga här varenda natt. Sen sa jag att jag kunde i alla fall ligga här natten till måndag så slapp vi väcka henne så tidigt när vi skulle iväg. Men det gick hon inte med på heller. Fast eftersom hon inte är hemma nu så får jag ligga där ändå.

Vilken mardrömsnatt det har varit. Tänk er att ligga på en madrass på golvet. Två hundar som låter i köket och en som ligger under Gillas säng. En fågel som gnisslar näbb och två marsvin som väsnas halva natten. Fattar inte hur ungarna kan sova i det oljudet. ☺ Till råga på allt så väcktes jag av flugor vid fyratiden på morgonen. Drog täcket helt över mig och en kudde över huvudet. Men då blev det för varmt. Jag fick upp och öppna fönstret och följde Gillas exempel och hade bara påslakanet. Men då blev det för kallt. :(Det var bara det att då var jag så trött så jag orkade inte sätta i täcket i påslakanet igen. :P

På morgonen tog Gilla en rejäl sovmorgon för första gången på två månader. Jag bara väckte henne så hon fick sina mediciner sedan somnade hon om igen och sov till 10.30.

Nu håller jag på att packa för ännu en vecka i Lund. Det gäller ju att få med sig allt för det är ju alldeles för långt om man skulle ha glömt något. Nu blir det ingen ny blogg förrän på fredag igen.

Ha en bra vecka!

kramunge F18 Från Asarum hej kompis hur är det i vär-
men altanen??????????? hör av er om den inte är på gång.
kramar från ambulanskillarna

Fre 30 jun 2006

Så var ännu en vecka i Lund avverkad. Har inte varit
någon höjdarvecka precis. Ni förstår varför längre ner i
bloggen.

På måndagen skulle vi överraska sjukgymnasten Marie
med att gå några steg fram till tippbrädan. Det var bara
det att vi skulle vara i mellanstora gympasalen så Gilla
gick nästan hela salen fram. Marie och sjuksköterskan
Lena blev jätteöverraskade. ☺ Vi hade som mål att Gilla
skulle gå hela barren på fredagen men det gjorde hon ju
redan på måndagen. Ett annat mål var att hon skulle sitta
på vanlig stol i tre minuter. Det slog vi redan samma kväll
för då satt hon på stolen betydligt längre. Nu gäller det att
hitta nya mål.

På onsdagen var vi hos ögonläkaren. Där fick vi mycket
glädjande besked. Gilla har bra syn på högerögat men det
kan ta upp till ett halvår innan nerven som är skadad har
läkt. Men som det ser ut så blir ögat så gott som bra igen.

På torsdagen var vi hos ortopeden. I väntrummet fick
Gilla ett frispel. När hon håller upp höger ögonlock så ser

hon dubbelt och personerna ser ut att sitta på helt andra ställen än de gör. Hon satt och berättade var vi satt i väntrummet beroende på hur hon höll ögat. Tillslut säger hon högt och tydligt (väntrummet är fullt med folk) att jag sitter i Connies knä. (Den manlige barnskötaren som var med) Vi bara bröt ihop av skratt och alla tittade på oss. Väl inne hos ortopeden bestämde han sig för att låta spiket som håller på att krypa ut sitta kvar så länge som möjligt. Så länge det inte har gått genom skinnet är det ingen fara. Sen frågade han om vi hade fler problem. Ja, säger Marie (sjukgymnasten som också var med). Connie har huvudet fullt med sågspån. Vad gör vi åt det? Ortopeden fick en jättekonstig min och sa att då fick han väl borra hål i det då. Efteråt kom Marie på att han trodde att Connie var pappa till Gilla och att det var därför han hade reagerat med en så konstig min.

På fredagen gick Gilla hela barren fram utan att vi höll i henne. Det var första gången. Hon sitter även på stolar utan problem nu. Vilken framgång bara på 5 dgr. Nu börjar hon även bli sitt gamla vanliga förargliga jag igen. *Suck*

Som jag skrev i början så har det varit en helvetesvecka. Det var en familj med fyra ungar som var där samtidigt som oss + ett antal andra mindre familjer. Andra kvällen satt allihopa och tittade på tv i vardagsrummet utanför vårt sovrum. Ljudet var på så högt att det ekade i hela huset. Jag ville ju inte vara gnällig och klaga men tillslut stängde de i alla fall av TV:n. Tredje kvällen fick vi folk i rummet bredvid oss. Assistenterna till den personen stod utanför vår sovrumsdörr och pratade jättehögt och sen höll de på och spolade som f*n inne i badrummet med duschen och hade dörren öppen. Det lät jättehögt inne hos oss och Gilla var skitförbannad. Tillslut lyckades hon iaf somna. Fjärde och sista kvällen hoppades vi skulle bli lite lugnare. Men icke.

De nya hade en liten bebis med sig som satte igång och väsnades sent på kvällen. Mamman sa till pappan att han skulle gå ut med bebisen men han blev förbannad och smällde igen dörren. Sen ställde han sig i vardagsrummet och röt åt henne. Och bebisen bara fortsatte skrika. Jag behöver väl inte säga att både jag och Gilla är svintrötta nu. Det värsta är ju att Gilla behöver sova många timmar på natten eftersom hon inte vilar något på dan. Hoppas det inte blir likadant nästa gång vi kommer till Lund.

När vi kom hem stannade grannarna Benny och Ingrid oss och kollade läget. Gilla fick godis och pengar av dem. När vi kom in var Petro här. Hon och Lizzy hjälpte Gilla med korsord sen. Gilla sa vilka ord det skulle vara och de skrev till henne. Väldigt bra fördelning tyckte jag. ☺

Lör 1 jul 2006

Glömde ju berätta en kanonsak i bloggen igår. När vi kom till Lund i måndags så rullade Gilla fram till spegeln. När jag frågade vad hon skulle sa hon bara att hon skulle kolla en sak. När hon sen vände sig om och jag tittade på henne såg jag att höger öga hade börjat öppna sig lite. Gissa om jag blev glad.

Igår kväll när jag hade lagt mig började Gilla skrika som bara den. Jag for upp och trodde att hon hade trillat ur sängen eller något. Det visade sig att hon skrek för att jag hade glömt ta ut örhängena. Då blev jag faktiskt lite arg på henne för att hon skrämt upp mig.

Skuldran som jag fördärvade sist vi var hemma har fortfarande inte läkt. Har legat vaken halva natten på grund av smärtor så idag åkte jag till apoteket och köpte zonsalva. Får se om det hjälper.

På två veckor har Gilla gått ner två kg och det är ju absolut inte bra i det här läget. Försöker proppa i henne något att äta varannan timme nu. Det värsta är att hon behöver så fet mat som möjligt och vi andra försöker hålla igen. Ingen bra kombination. ☺

Nu håller jag på att vänja henne av med morfinet. Ska minska dosen lite i taget tills den är helt borta. Ska bli skönt när hon slipper ta sin medicin för då kan hon sova längre om morgnarna.

I fredags kom psykologen i Lund med en massa tidningar som hon tagit från sin dotter. Dessa gav hon till Gilla. Jag blev rätt rörd faktiskt. ☺

Istället för sjukgymnastik den här veckan ska Gilla försöka gå så mycket som möjligt. Inte världens lättaste när hon får ont i fötterna och bara vägrar att gå. Men nu gäller det att jag är envisare än hon. Hon ska även öva på att sitta på vanlig stol. Det gör hon för att öva upp knäna så hon kan böja dem så mycket som man ska.

Sön 2 jul 2006

Nu har Gillas hår blivit så långt så man kan göra lite fräcka frisyrer. Jag ville göra "igelkottsfrisyren" som hon får när hon badar men det fick jag inte. Hon ville ha tuppkam så en sån fick det bli. ☺ Får väl köpa grön färg och färga den nästa gång. ☺

Rätt som det var så började Gillas ena ben att skaka som bara den. Jag misstänker att det var för att jag har minskat på morfindosen och att hon fick lite abstinens. Fast jag vet inte säkert om det berodde på det.

Vi satt i valet och kvalet om vi skulle försöka ta oss till Hälleviksbadet idag. Fast vi bestämde oss istället för att köra dit en annan dag då det inte är så mycket folk där. Vi körde till glassbåten istället. Där fick Gilla ett av sina aggressiva utbrott bara för att glassen rann lite. Det slutade med att hon slängde sin glass.

Sen körde vi till Eko för att handla lite. Passade på att köpa papper till skrivaren så jag äntligen kunde skriva ut hela den här bloggen till Gillas klippbok. Där inne fick Gilla ännu ett aggressivt utbrott bara för att en fluga satte sig på henne. *Suck* Folk tittade lite konstigt. Köpte även vars ett Sudukuspel till ungarna. Jättebra hjärngympa för Gilla. Försöker hela tiden hitta sådant som kan hjälpa henne i rehabiliteringen.

Ni kan inte ana vilken panik jag fick på Eko. Jag skulle bara leta upp ett tomt videoband så vi kan kopiera över det som de har filmat i Lund. På de minutrarna det tog hann Gilla rymma. Varken jag eller Lizzy kunde hitta henne. Precis när jag kände att paniken började övergå i hysteri så såg jag Gilla en liten bit bort. Hon skulle se om hon kunde hitta en Timbuktuskiva men kunde inte hitta till skivorna. Som alla vet så börjar man skälla på personen ifråga när man blir så rädd och det gjorde naturligtvis jag med. Det slutade med att Gilla började gråta och jag kände mig jättehemsk och fick trösta henne.

När vi kom hem satte ungarna genast igång med att spela labyrintspelet som vi också köpte. De rök bara ihop ett par ggr. Fast så var det innan olyckan med. De kunde inte spela länge förrän de kom ihop sig. :P

Eftersom ungarna var upptagna med att spela så passade jag på att handtvätta i badkaret. De har fortfarande inte kommit och lagat tvättmaskinen och nu är det rätt stor kris på kläder. ☹ Ska ringa firman IGEN det första jag gör i morgon och då lär jag inte vara nådig.

Mån 3 jul 2006

Inatt har varit en sån fruktad natt igen. Kudden var genomblöt av alla tårar och jag ville bara vakna upp ur den här mardrömmen. Tyvärr är det ingen mardröm och jag kan inte vrida tillbaks tiden heller. Det är bara att ta sig i kragen och hålla humöret uppe när ungarna ser det. När jag sedan steg upp och stod där ute och tittade och såg hur gräset växer undrade jag hur jag ska orka med trädgården och huset med. Får försöka ta ett ryck så snart som möjligt och klippa gräset iaf.

Idag var vi på första mötet med habiliteringen i Karlshamn. Det är de som ska ta över Gilla när vi är klara i

Lund. Under tiden som jag pratade med kuratorn om lite praktiska saker var Gilla i gympasalen. Där kollade Jenny, sjukgymnasten och Malin, arbetsterapeuten, hur mycket Gilla kunde. Hon fick prova att gå med kryckor. Tyvärr fick jag inte se det vilket var jättesynd. Det hade tydligen gått bra och hon hade gått 5-6 steg.

Nu har jag börjat tänka tillbaks lite och då är det några saker som jag speciellt kommer ihåg. Det är första gången Gilla kramade mig ordentligt. När hon sa mamma första gången och när vi hade varit och simmat första gången. Då sa Gilla att hon hade en sak som hon skulle ge mig. Jag skulle böja mig fram och när jag gjorde det så fick jag en puss på kinden. De här sakerna lär jag nog aldrig glömma i hela mitt liv.

Lizzy har pratat ett tag om att hon ville ha ett jobb för hon behövde mer pengar. Idag kom jag på den perfekta lösningen. Jag anställde henne som assistent till Gilla. Det är inget högavlönat jobb men hon får ju lite extra och jag får lite mer hjälp. Fast Lizzy har varit jätteduktig ändå och hjälpt till jättemycket.

miian F23 Från Kristianstad *kramar om*

Hobson F57 Från Sölvesborg Hej Camilla och Gilla och Lizzy Jag förstår att ni har det jobbigt + värmen och ingen

tvättmaskin och allt som skall göras i hemmet och träd-
gård. Hoppas att ni får någon hjälp utifrån så ert liv skall
funka. Försök att kämpa på fast det är jobbigt. Kramar
Anette

akta_rumpan F25 Från Hässleholm ger dig en tanke..

Tis 4 jul 2006

Fick ett ryck och tog äntligen tag i att klippa den ena
gräsmattan. När jag hade ca 1/3 kvar så kom Malin. Vi
skulle ligga och sola och slappa lite men kom på att det är
inte så kul att göra det på studsmattan och ungarna är rätt
svåra att få ut i solen. De vill bara ligga framför TV:n
eller sitta framför datorn. Vad ska vi göra? Jo vi drog till
Edenryd och badade. Ett perfekt ställe för det gick att
köra rullstol där och sen fanns det en brygga så jag kunde
bära ut Gilla och sen få ner henne i vattnet. Det gick jätte-
bra. Hon körde lite vattengympa och sen gick hon också
lite i vattnet. Varken Gilla eller Lizzy ville åka hem. ☺
Som vanligt brände jag sönder halva mig. Jag var bara
noga med att smörja in Gilla och glömde mig själv.

Tidningen ringde och ville skriva lite om hur det hade
gått för Gilla. Men när jag frågade Gilla om hon ville det
så sa hon nej. Det fick han acceptera. Jag gör inget som
Gilla inte godkänner. Det gäller även allt jag skriver här.

Nu har jag även fått börja tänka på hur det ska lösa sig för Gilla på morgonen före skolan och efter skolan tills jag kommer hem. De ringde från kommunen om det och eventuellt får Gilla vara på fritids då. Det var absolut inte populärt. Hon blev jättesur. Det bästa hade varit om vi hade fått någon slags hemtjänst så hon hade fått vara hemma. Förstår att hon inte vill vara på fritids för ingen av hennes kompisar är ju kvar där. Det är bara mindre ungar. Pedagogen som ska hjälpa henne i skolan är i alla fall ordnad så där kan jag pusta ut.

anni7 F44 Från Sölvesborg ja camilla;) även en gammal flicka kan bränna sig..;P hehe tråkigt att måsta kämpa så för att få det vi har rätt till. det är klart att hon inte vill vara med de små barnen på fritte. på kommunen bara ☺ kramar

Jullibull_94 F12 Från Sölvesborg namen du camilla ;)! har du inte hört talas om solsyddsfaktor?! ;P:P;P hahaha ☺ ska någon va med gilla i skolan då? (om hon kan börja igen). Ha det jättebra! Kramar

zimba2 F34 Från Olofström du har kanske chans att få en personlig assistent till henne samma person som kommer på morgonen och kvällen/em? kanske inte rör sig om många timmar men de har säkert ngn som vill ha mer tjänst :) hemtjänst har man erfarenhet av de har inte mkt tid att göra olika saker assistent är bättre kolla med LSS handläggaren på kommunen tror gilla hamnar under LSS lagen krampå er

Ons 5 jul 2006

Första morgonen som jag inte behöver väcka Gilla för att hon ska ta sitt morfin. (Hon tar det bara på kvällen nu). Vad gör jag? Jo, jag väcker henne 6.30 för att vi ska gå på marknad. Jag hade tänkt ut som så att är vi på marknaden direkt när den börjar så är vi lagom klara tills allt annat folk kommer. Väl inne mötte Malin oss och vi gick och slötittade. Gilla hittade ett höftskynke som hon så gärna ville ha. Tredje gången hon började tjata gav jag med mig. När hon köpte det sa tanten i ståndet att eftersom hon hade varit där så många gånger och tittat på det så fick hon ett par örhängen på köpet. ☺ När vi sedan stod och väntade på Malin och Lizzy kom Åsa på fritan och pratade lite.

När vi var klara körde vi till Hälleviksbadet. Perfekt att ha Malin med för hon har jobbat som Nanny och ungarna gillar henne jättemycket. (Och då slapp jag hoppa i det kalla vattnet) Gilla simmade jättemycket och det är bra för hennes ben. Sen kom Nettan, hennes flickor Felicia

132

och Jennie-Ann och hennes brorsdotter dit så vi blev ett litet gäng. Emmie och Julia var också där. De skrämde skiten ur mig när de kom farandes för jag såg dem inte. ☺ När Gilla var i vattnet med alla de andra kände hon sig som vanligt och hade jättekul. Malin hittade på lite bus som egentligen var handgympa. Hon lärde Gilla att skvätta vatten på olika sätt. ☺

Jag tänkte att jag skulle vara lite smart vid badet så jag gick med en handduk över axlarna och ryggen för att inte bränna sönder mig ännu mer. Vad händer? Jo, jag bränner sönder framsidan istället. *Suck* Ännu en sömnlös natt då jag ligger och ojar mig av smärta. :P

Väl hemma var vi alla tre så uttröttade så Gilla somnade i sängen och jag och Lizzy på soffan. Känner mig lite smått yrvaken nu.

nannyn F21 Från Bromölla det har varit två roligt dagar vid vattnet... det gör vi snart om igen.. kram

rozzebozz F38 Från Sölvesborg Ja det kan förstå. Själv var jag oxå helt slut när vi kom till svängsta.Vi tre skulle nog oxå behöva vila lite efter allt badande. Men det var trevligt att träffa er där nere. Kram

Tors 6 jul 2006

Jag hade varit jättenoga med att smörja in Gilla igår men hade tyvärr glömt fötterna. Hon hade bränt sig en del på den ena så hon var så ledsen igår kväll att hon bara grät.

Nu har Gilla börjat öva på att skriva sitt namn med högran. Det går bättre för var dag. Igår skrev hon även lundapersonalens namn. Det var fullt läsbart.

Idag har varit en tuff dag. Det började med att alla tre somnade på eftermiddagen och vi höll på att försova oss när Frida skulle komma och hämta Lizzy.

När vi väl hade vaknat till liv åkte vi in till Killebom-karnevalen och tittade. Lizzy skulle gå med Hector och Bella där. Hon gick med Brukshundsklubben. Det gick jättebra. När karnevalståget gick förbi oss flög Emmie, Julia J, Julia S och Amanda ut ur det och fram till Gilla för stort kramkalas. ☺

Efter karnevalen åkte vi bara hem för att äta lite och sedan in på konsert med Helena Papa... (nånting). Först hann vi med att titta runt i stånden lite. Gilla köpte lite örhängen och Lizzy halsband och örhängen. På konserten mötte Malin och Janni upp. Gilla var jätteledsen för att hon inte kunde se något men jag lyfte upp henne ett par gånger för att hon skulle se lite i alla fall. När Malin och

Janni kom blev det lite mer fart. Gilla satt till och med i rullstolen och dansade. ☺ Sen kom Fredrik, en av eleverna på mitt jobb. Han hade gummibandsarmband på sig som han gav till Gilla. Mjällbys färger... När konserten var slut var det Langós som gällde. Fast Gilla ville inte ha. Hon ville hellre ha sockervadd. Men vis av skadan sedan marknaden igår, vet jag hur min rygg ser ut om hon får sockervadd. Hela den blir nerkletad när jag ska lyfta över henne i bilen så det fick vara.

Nu är det sängen som gäller för jag är helt slut.

Lör 8 jul 2006

Blev ingen blogg igår för jag hade inte så mycket att skriva.

Gilla hade väldigt ont av spiken så vi får väl se vad ortopeden säger på måndag. Risken är väl att de opererar in den på nytt. Det är lite för tidigt för att ta ut den.

Tidningen mailade över bilderna som de tagit vid olyckan. Det blev lite chockartat att se bilden där de lyfter in henne i ambulansen. Svårt att fatta att det är min lilla Gilla som ligger där.

På kvällen fick Gilla ett ryck att hon skulle spela badminton. Det gick jättebra. Hon höll racketen med högerhanden och sköt så Lizzy fick ducka. Det var rätt hårt hon sköt. ☺

Connie från Hab-villan i Lund ringde. Vi skulle åkt och kört 4-hjulig mc på onsdag men tyvärr hade den gått sönder så det blir inget nu. Jag behöver väl knappt skriva att Gilla blev jättebesviken. Hon har längtat efter det. Det blir väl istället veckan innan skolan börjar när vi är där sista gången.

Idag ska jag ut för första gången sen olyckan. Har inte varit ifrån Gilla någonting sedan det hände så det känns jättekonstigt att gå ut själv. Frågan är om jag fixar det om det kommer fram mycket folk och ska prata. Det återstår att se. Annars får jag väl köra hem igen. Det är ju inte mer med det.

Nu äntligen har Gilla slutat med alla medicinerna. Den sista morfintabletten tog hon igår och den sista magmedicinen tog hon idag. Det är rätt skönt för hon började protestera rätt mycket mot magmedicinen. Den var tydligen jätteäcklig. Hoppas nu bara inte att hon får ont. Men får hon det skulle jag ge henne vanliga värktabletter, sa doktorn.

Music_Mandan F10 Från Sölvesborg !! Nu har jag läst ifatt från del 35 skönt att veta vad som hänt nuu!

mammarulle F34 Från Helsingborg Hoppas du får det trevligt...gött och höra..att du äntligen unnar dig åt något kul...*ler*

Sön 9 jul 2006

Som vanligt somnade vi på soffan, sängen och madrassen alla tre igår på dan. Vi vaknade när min kusin Jeanette, hennes sambo Stoffe och ungarna Ralle, Daniela och Simon kom. Jag kände mig smått yrvaken. ☺ Lizzy följde med dem in till Killebom och jag och Gilla inväntade mormor och morfar som skulle sitta barnvakt när jag gick ut på kvällen.

Jag åkte hem till Annica och vi satt och åt lite gott. Sen kom hennes bror Joacim och hans fru Bodil. Vi satt och snackade lite allmänt skit och hade jättekul. Sen var det dags att åka in till Killebom.

Vi hade kört med två bilar eftersom jag inte visste hur jag skulle reagera om folk kom rusandes och skulle prata. Skulle jag inte fixa det var det ju bara att sätta mig i bilen och köra hem. Det var ju första gången jag var ute så här. I vanliga fall måste jag hålla masken när ungarna är med och folk kommer fram men nu visste jag inte alls hur jag skulle ta det. När vi kom dit kom det ett gäng av mina trogna läsare och dök mig. Jag kände att jag började få panik. Benen vek sig och jag ville springa skrikandes därifrån. Annica såg det på mig och precis när hon skulle dyka in i klungan och få ut mig fick de syn på hennes bror och då passade jag på att smita. Det var jättebra att gänget kom fram för då fick jag reda på hur jag reagerade och kan agera därefter hädanefter. När ni som var med läser det här är det ingen fara. Jag tyckte det var bra. ☺

När vi sen kom ner till torget fick en av vakterna syn på mig. Han kom i en himla fart och jag fick världens kram och sen undrade han hur det var med Gilla. Då kändes det lite lugnare eftersom det bara var en person.

Efter det gick vi och lyssnade på Gabria. Det bara måste man och sedan spelade Rock Bottom Band i ett av tälten. Tyvärr var där så mycket folk inne i tältet att vi fick gå ut igen. Jag höll på att få värmeslag,

När jag kom hem trodde jag att mormor sov på soffan, morfar i Lizzys säng och Lizzy i min. Så när jag smög igenom vardagsrummet höll jag på att lägga mig raklång. Lizzy hade ändå lagt sig på madrassen på golvet. Sen råkade jag trampa på henne några gånger innan jag lyckats ta mig förbi. ☺ Som tur var så var det bara nätt.

Jag har ju glömt att skriva att Gilla skriver mer och mer med höger hand nu. I helgen har hon fyllt i ett helt korsord med högerhanden. Det är inte fint skrivet men fullt läsbart. Jag är så glad för att hon börjat använda handen lite mer nu.

Nu blir det ingen ny blogg förrän på fredag eftersom vi åker till Lund igen i morgon. Puh... Tur det är näst sista gången vi ska dit. Börjar bli rätt jobbigt att hålla på att åka så långt. Men eftersom det är för Gillas bästa så får det gå.

Fre 14 jul 2006

Så var vi hemma igen efter ytterligare en vecka i Lund.

I tisdags spelade vi vem vill bli prinsessa. Det är det enda spel jag skulle kunna tänka mig att förlora i men naturligtvis vann jag. På kvällen skulle vi ut och äta kinamat. Vi hade fått en karta till en restaurang utan trappa. (Måste ju tänka på att vi ska komma in med rullstolen) Kartan fattade vi inget av men vi lyckades köra raka vägen dit. (Dagen efter fick vi reda på att vi egentligen inte fick köra där vi körde.) När vi väl kom dit visade det sig att restaurangen hade semesterstängt. ☹ Sen kom det stora problemet att hitta ut. Det är inte det lättaste i Lund. Tillslut kom vi iallafall ut och det blev McDonalds istället. Efter det blev det ännu mer spel. Gilla blåste mig i

Cluedo så det bara visslade om det. Hotade med att aldrig mer spela med henne. ☺ Fast jag blev ändå glad för hon visade att hennes logiska tänkande fungerade.

Annars har det inte hänt så mycket... Skojar bara... Det har hänt stora grejor. Idag gick Gilla 15 steg utan kryckor och utan att någon höll i henne. Målet var att hon skulle gå 5 steg så hon slog ju det stort. Inte nog med det. Hon gick så långt 5 gånger. ☺ För skojs skull provade vi även om hon kunde gå i trappan. Varken jag eller sjukgymnasten trodde det skulle gå men Gilla fixade det galant. ☺

I tisdags i vattnet gick Gilla själv för allra första gången. Det är ju betydligt lättare där än på marken. Jag blev så glad att jag började gråta. När jag började höll Marie, sjukgymnasten, också på att börja gråta. Så glada blev vi. ☺

Där var en annan familj förutom vi den här veckan. Den ena av tjejerna hade undrat jättemycket över Gilla och vad som hänt så i morse plockade vi fram Gillas klippbok och jag visade och berättade. Gilla ville inte själv göra det men hon satt med och lyssnade.

När vi kom hem slängde vi oss framför tvn. Vi var ju tvungna att kolla in videofilmen de filmat i Lund. Det var jättekul att se alla framsteg Gilla gjort under den här tiden vi varit där. Det syntes jättetydligt på filmen.

Nu har vi två stora mål framför oss under de här fyra veckorna vi är hemma nu. Nr. 1 är att Gilla ska kunna gå upp på sitt rum. Hon har ju bara varit där en gång på 2 1/2 månad. Nästa är att hon ska gå upp två kg. Hon och sjukgymnasten har gjort ett avtal. Gilla ska gå upp två kg och Marie ska gå ner två kg. Undrar vem som vinner. ☺

Nu hojtar Gilla att hon vill gå med kryckor så jag får väl avsluta här. ☺

Music_Mandan F10 Från Sölvesborg åhh...Det är så underbart med alla dessa framsteg..

mammarulle F34 Från Helsingborg Såå underbart och läsa,om alla framsteg...kramisar från oss...

akta_rumpan F25 Från Övertorneå blir så glad när jag läser att hon gör så enorma framsteg.. är överkänslig nu så jag gråter för inget.. blir så när man e gravid..

zimba2 F34 Från Olofström :)vad kul att hon gör såna framsteg kram

Lör 15 jul 2006

I måndags var vi hos ortopeden igen för de skulle titta på spiken som håller på att krypa ut. De hade ingen tid den här veckan för att plocka ut den utan vi ska in till Kristianstad och göra det. Den ena av ortopederna som vi har träffat i Lund jobbar där också.

Det var tur att ingen såg oss igår. ☺ Gilla såg ut som en apa... Jag orkade inte ligga på en madrass på golvet på natten så jag tänkte försöka få upp Gilla på ovanvåningen när vi skulle sova. När vi började gå uppför trappan upptäckte jag att jag var kortare än sjukgymnasten så jag kunde inte hålla Gilla som hon hade gjort. Det slutade med att Gilla gick på både händer och fötter uppför trappan. Det såg jättekul ut. I morse blev det lite mer panik när hon behövde ner på toa. Jag tänkte att det tar för lång tid för henne att hasa sig ner så jag slet upp henne och bar henne ner för trappan. Jag har ju fått såna armmuskler nu så det är inga problem. ☺

Idag "apade" sig Gilla uppför trappan igen för att vara lite på sitt rum. Hon tyckte det var jätteskönt att få komma dit och vara för sig själv och hitta på vad hon själv ville. När hon skulle ner provade hon att hasa sig men det skrapade för mycket på benen så jag fick bära henne ner.

Nu är det väldigt mycket gåträning som gäller. Vid minsta lilla flytt inomhus som är lite kortare sträcka måste hon gå. Fast hon är väldigt rädd och osäker när vi övar.

Hon är van att ha sjukgymnasten bredvid sig och har inte riktigt lärt sig att lita på mig. Hon börjar gråta av rädsla varenda gång vi övar. Fast tillslut lär hon sig väl att lita på mig också och då går bättre.

Mån 17 jul 2006

I fredags skrämde Gilla mig rejält. Hon får varken stå eller gå utan att jag är i närheten för skulle hon trilla så är det risk att hon bryter benen igen. När jag kom in på toaletten står hon helt själv och håller i handfatet. Bra att hon står men inte bra att hon gör det själv.

Igår tog vi en liten minisemester. Vi körde ner till Café Annorlunda och fikade. Efter det körde vi till musteriet i Kivik och handlade. När vi kom till Kristianstad var det meningen att vi skulle gå på bio. Hissen på biografen var trasig så jag tog Gilla och Niclas tog rullstolen och bar upp för hela trappan. Sen visade det sig att bion var fullsatt så det var bara att ta sig ner igen. *suck* Gilla var sur som ättika. Vi ringde bion i Bromölla men där var också fullsatt. En ännu mer sur unge blev det då. ☺ Vi bestämde oss för att gå på kinarestaurang och titta på film hemma istället.

På kvällen asade vi upp Gillas säng till hennes rum. Efter att ha delat säng med henne två nätter stod jag inte ut mer. ☺ Hon snurrar runt och brer sig så mycket så jag fick inte plats. Det var bara såååå skönt att ligga själv i min egen säng. och Gilla tyckte det var jätteskönt att få sova på sitt eget rum igen.

Eftersom Gilla ska öva sig på att ställa sig upp, sätta sig ner och gå så mycket som möjligt får hon göra det så fort hon ska över i rullstolen. Hon har till och med fått börja sätta sig i bilen utan att jag lyfter in henne. Det har blivit mycket träning de här dagarna och det märks. Hon har lättare för att resa sig och håller inte lika hårt i mina händer när hon går.

Eftersom hon även ska öva sig på att ta sig in i bilen måste hon ha skor på och det är lite skillnad mot att gå barfota. Men det fixar hon jättebra. Jag tror inte det dröjer länge till innan hon kan gå obehindrat kortare sträckor. Rullstolen får hon ha ett bra tag till när hon ska längre sträckor men sedan slipper hon den med.

Jag glömde ju att berätta en sak. Gilla pratade konstant hela dagen igår. Så mycket har hon ALDRIG pratat i hela sitt liv. Jag tror hon försökte ta igen de veckorna hon inte kunde prata. ☺ Jag hade "skoskav" i öronen och riktigt längtade efter öronproppar. ☺

Tis 18 jul 2006

Jag och Gilla brukar sitta och prata om vad hon kommer ihåg från sjukhuset. Det är inte mycket. Hon kommer inte ihåg när jag satt hos henne första gången eller när hon fick prova att sitta i rullstol. Det är bara småsaker då och då som hon kommer ihåg.

Nu om något märker man hur svårt det är att ha handikappade barn. Det finns inte mycket för dem att göra. Jag har försökt komma på lite saker man kan göra på kortsemester men det är inte lätt. Man måste tänka på allt från till exempel hur det är med toalett och om man kommer in med rullstol till om det finns något hon kan göra fast hon sitter i rullstol. Det är inte mycket kan jag lova. Det värsta som finns är att se henne bli ledsen för att det inte finns något för henne som hon kan göra utan hon får sitta och titta på när alla andra ungar har kul. Det klarar jag inte av att se.

Gilla ville åka till Fågelparken i Helsingborg bara för att där fanns ett särskilt mjukisdjur som hon ville ha. Vi satte oss i bilen och körde dit. Där var ju lite papegojor att titta på och Gilla fick en jordnöt av en annan besökare som hon gav till en Kakadua.

När vi körde hem körde vi inom förmedlingscentralen i Tyringe. Gilla hittade lite fotbollskläder som hon ville ha fast hon inte spelar fotboll och eftersom de var så billiga så var det ju ingen fara med det.

På kvällen var det bilträff vid Tydingesjön. Vi packade in oss i Buick cabben och körde dit. Det var första gången på länge jag såg Gilla riktigt lycklig. Hon riktigt njöt när hon fick åka i en gammal amerikansk "raggarbil" utan tak. Det var jätteskönt att se henne sån. När vi åkte hem kröp hon in i min famn (alla tre satt i framsätet) och bara mös. Det var jättemysigt.

Hipster F34 Från Sölvesborg Ååå, Milla, vad glad jag blir för er skull. Men det tar tid. Allt tar sån tid innan Gilla är 100 igen. Kram

Tors 20 jul 2006

Blir lite färre bloggar nu för det händer inte så mycket så det är lönt att skriva.

Igår var vi iväg och grillade. Alla ungarna/ungdomarna tog bra hand om Gilla och körde iväg ett par gånger med henne. Hon tyckte det var jättekul när hon fick slå lite på en av killarna. Rätt som det var så hörde man ett vrål från honom och han beklagade sig över att hon slog hårt. Jag bestämde mig för att hyra in honom som slagpåse en gång i veckan så hon får öva upp högran. Men av nån konstig anledning gick han inte riktigt med på det. ☺

146

Idag var vi på bio och såg Pirates of the Caribbean. Nu märker man vilka ställen som är handikappanpassade. Bion i Bromölla är det INTE. Fick parkera högst upp i ena hörnan och sen bära ner henne där vi skulle sitta. Men det är ju stor plats mellan raderna så hon hade gott om plats för sina ben och det är ju lite positivt. När vi kom ut från bion sprang vi på Mia, en kompis till mig, som jag inte sett på många år. Det var jättekul att se henne.

Nu har jag börjat få flashbacks lite då och då. Särskilt när jag åker mellan Bromölla och Kristianstad. Då spelas telefonsamtalet upp när Nettan ringde och sa att Gilla blivit påkörd. När jag sedan ser sjukhuset i Kristianstad tänker jag bara på när läkaren sa att det var risk för att Gilla skulle dö. Det är inga kul tankar alls. Kvällarna är med rätt jobbiga nu. För det mesta är kudden blöt när jag somnar men det är nog för att allt börjar släppa och känslorna kommer fram. Innan har jag inte riktigt förstått hur folk känner sig som är utbrända men nu fattar jag det verkligen. Jag bara står och tittar på saker som behövs göras men varken orkar eller klarar av att ta tag i det. Skolsköterskan på ungarnas skola ringde igår för att höra hur det var med Gilla och då berättade jag det. Hon sa att det inte var konstigt och när jag kände så, skulle jag bara strunta i allt och gå och vila. Det är bara att hoppas att det blir bättre innan jag börjar jobba för annars vet jag inte om jag fixar det.

Idag har Gilla gått lite helt själv. Hon gick från toaletten och in i köket helt själv utan att jag höll i henne. Känns skönt att hon har vågat börja lita på mig så mycket nu så hon vågar gå själv.

I morgon ska vi på cruising i Kristianstad så nu är det sängen som gäller. ☺

Sön 23 jul 2006

Fredagen blev en riktig hårfärgningsdag. Erika färgade Lizzys hår helt blont och sen färgade hon topparna på Gillas tuppkam blonda och la även några blonda slingor. Det blev jättefräckt.

På kvällen var det cruising i Kristianstad. Ungarna var först jättetveksamma till det men sen ville de inte därifrån. Alla ungdomarna tog hand om Gilla och körde runt henne i rullstolen. Rätt som det var så kom en av killarna med en tom rullstol. Blev lite nojjig och undrade vad som hänt nu då. Det visade sig att Gilla åkte i en annan jänkebil just då. Killen som kom med rullstolen berättade att det hade kommit tre killar och skrattat åt honom för att han körde rullstolen. Då hade han blivit förbannad och frågat vad de skrattade åt. Alla försvarar Gilla så det visslar om det. ☺

De höll hela tiden koll på henne och killarna höll i rullstolen hela tiden så den inte skulle tippa. Ett tag satt det ett helt gäng ungdomar i en ring runt Gilla och hon fick berätta om olyckan. Jättebra terapi för henne. Vi körde och åt på Max och när alla började härja runt och åka rutschkana (även någon vuxen) så såg man på Gilla att hon tyckte det var jobbigt att inte hon kunde vara med. På natten när vi skulle köra hem ville ungarna att vi skulle ha taket nere på bilen. Fast när vi kom ut på motorvägen började Gilla hojta att hon frös. Det var bara att stanna och fälla upp taket. Ungarna tjatar redan om när nästa cruising är så jag kan ju bara ana vad de tyckte om det hela. ☺ Jag njöt som bara den...

Gilla hade bjudit hem lite folk så här var full rulle på lördagen. Hundarna var helt slut som alla lekte med dem. Sen blev det filmvisning där jag och Gilla fick berätta vad hon gjorde på filmen. Alla satt som klistrade. De tittade även i klippboken på alla fotona och läste min dagbok som jag skrivit här. Erika fick sluta efter första bloggen för sen klarade hon inte mer. Ska jag vara ärlig så klarar inte jag heller att läsa den. Har läst några sidor men jag fick sluta. Det blev för jobbigt att återuppleva allt. Jag får inte med allt som händer, alla känslor och tankar i den här bloggen men när jag tänker tillbaks och läste lite i bloggen så kom allt. Ingen höjdare alls.

På kvällen tog vi det bara lugnt med lite videofilmer.

Idag kom Nina med barnen Frida och Emilia så det var full rulle igen. Inte undra på att jag är slut. ☺

Idag gick Gilla rätt mycket helt själv utan kryckor eller nåt. Hon gick först från köksbordet till soffan i vardagsrummet. Direkt efter behövde hon på toa. Det är ca 70 steg dit. Sen gick hon tillbaks till soffan. Ytterligare 70 steg. Det går väldigt sakta och ostadigt men det blir bättre för var gång. Jag är jätteimponerad. ☺

miian F23 Från Kristianstad man slutar aldrig förvånas! riktig kämpe den där tjejen!

Ons 26 jul 2006

Igår gick pinsamhetsmätaren i taket så det stänkte om det. ☺ För att jag ska få vila så mycket som möjligt har jag börjat lägga mig igen när Gilla har stigit upp om morgnarna. (Lizzy hjälper henne med frukost) Det gjorde jag igår med. Rätt som det var blev det ett himla liv på hundarna. Lizzy kom upp och sa att en av ambulanskillarna var här. Det var bara att slänga på sig morgonrocken och försöka vara social med yrvaken blick och håret på ända. ☺ Kan bara tänka mig vad han tänkte. Ambulansen stod parkerad utanför så folk som körde förbi trodde väl att något hade hänt. ☺

På kvällen blev vi helt plötsligt sugna på mjukglass. Vi drog upp till Lasses och satt där och käkade vars en.

Sen fick vi ett ryck att vi skulle hälsa på Lina och Gunilla. I bilen på väg dit bestämde vi att Gilla skulle överraska dem genom att gå och möta dem. Jag sa att Gunilla skulle börja gråta när hon såg det. När vi kom dit kom Gunilla och Lina ut och mötte oss och Gilla hoppade ut ur bilen och gick mot dem helt själv. Jodå både Gunilla och Lina blev så glada så de började gråta. ☺ Vi hade bara tänkt stanna några minuter men det blev över tre timmar. Tiden gick så snabbt att vi inte märkte det. Lina och Gilla satt och spelade piano. Ännu en grej som är bra handterapi. Gilla ville stanna där på natten men vi bestämde att det fick bli en annan gång. Gunilla är en av de få som jag vågar låta Gilla sova över hos eftersom hon har varit med om sådana här grejor innan. Lina visade sin minicross och Gilla bestämde sig för att hon med skulle köpa en sån. Men det ska vi nog bli två om. ☺ När vi sen skulle köra kom Gilla med kommentaren att hon behövde på toaletten för då fick hon stanna där lite till. Hon vet hur hon ska göra. ☺

Idag tog jag och Gilla en riktig slappedag. Vi slängde oss framför TV:n och krängde ostbågar och kollade på film. Som vanligt dröjde det inte länge innan jag somnade. ☺

Sedan ville Gilla sitta framför datorn och chatta på msn. Gissa om hon blev besviken när ingen var uppe. Hon var nästan på väg att ringa någon så de kopplade upp sig. ☺ Det är också en bra grej att hon sitter där och skriver. Då övar hon upp tankeverksamheten och skrivhastigheten. Allt sånt är bara bra för henne.

Nu har Gilla börjat med ytterligare en sak. När hon ska på toa står hon upp och knäpper upp byxorna. Det var otänkbart för bara en vecka sen. Då var hon tvungen att sitta för hon var inte så stabil att hon kunde stå och göra det. Det går framåt men vi har fortfarande en lång väg framför oss.

Caprice84 P38 Från Kristianstad Det är helt underbart att läsa vilka framsteg hon gör . Kämpa på !!!!!

Tors 27 jul 2006

Natten mellan tisdagen och onsdagen var väldigt konstig. Jag vaknade mitt i natten av att huvudet var helt tomt. Efter några minuter började tankarna fara omkring hej vilt. Jag blev helt snurrig i huvudet för det var så mycket på en gång. Ett tag var jag på väg ner för att ta Gillas sömnmedel men kom på att det kunde jag ju inte göra. Då skulle jag ju inte höra om hon kallade på mig. Det var bara att bita ihop och försöka få lite ordning på alla tankarna och försöka somna om. Det dröjde många timmar...

Gårdagen blev en jobbig dag. Vi åkte till Maria Magdalena marknaden. Det är konstigt... Jag blir alltid urfattig när ungarna går på marknad. ☺ På grund av Gillas ben (de tål ju inte så mycket) kan hon inte åka karuseller. Men hon fick åka timmerforsen på marknaden och det tyckte hon var jättekul. Gilla och några till tog en tur men jag avstod eftersom man blir blöt. Hi hi hi... Det var en gammal kompis till mig som skötte det. Han berättade att hade han sett innan att Gilla skulle åka så hade hon fått hoppa på där man hoppar av. Han sa att handikappade går före andra i sådana här fall. Han tyckte det var rätt kul att se att hon blivit så här pass bra för sist jag träffade honom var när Gilla låg medvetslös i Lund. Han var också inlagd på

det sjukhuset så vi brukade gå ut och hämta lite luft ihop.
☺

På kvällen åkte vi hem till mina föräldrar en sväng och helt plötsligt blev alla sugna på Kina-mat. Jag slapp i alla fall laga mat den dagen. ☺

Idag var Lina här hela dan. Hon körde runt Gilla i rullstolen så jag slapp tänka på det. Det var rätt skönt och Gilla "levde" verkligen upp.

När vi var och handlade mötte vi Jessica, narkossköterskan. Hon kom ut och hälsade på Gilla och då fick Gilla visa att hon kunde gå lite. Märks att Gilla har svårt med minnet för hon kom inte ihåg Jessica fast hon har träffat henne efter olyckan.

akta_rumpan F25 Från Övertorneå du skulle behöva komma bort en helg och vila upp dig och bara tänka på dig själv och bli ompysslad. vet att det är svårt men tror du hade behövt det.

Lör 29 jul 2006

Fredagen blev lite panikartad. Var och handlade innan vi skulle ha vår stora grillfest. Innan jag körde kollade jag med Gilla om hon behövde på toa innan jag körde för sedan kunde hon ju inte ta sig in där själv, men det skulle hon inte. När jag stod i kassan i affären ringde mobilen och Gilla lät lite panikslagen. Det var bara att kasta i varorna i kassen och köra hem i full fart för att sen få in henne på toa. Men jag hann hem i alla fall... ☺

På kvällen var det full grillfest här. Vi var ca 20 pers. När de körde hem skulle Lizzy med och sova över. Gilla var rätt ledsen för att inte hon fick följa med. Jag sa att hon får göra det när hon är lite stabilare i benen och kan gå lite bättre.

Idag körde jag ner för att hämta Lizzy. Gilla ville stanna där och vi blev nästan lite ovänner. De fick köra med att Gilla skulle få komma dit i veckan och vara där några timmar så då löste det sig.

Just nu sitter Lizzy och Gilla och spelar Cluedo. Bra tankearbete för Gilla. Jag vägrar vara med för jag är en sån dålig förlorare. ☺

Igår började Gilla använda kryckorna för första gången. Innan har hon vägrat använda dem här hemma. Nu går det så bra att hon emellanåt nästan springer. Rullstolen använder vi bara om det är längre sträckor.

Mån 31 jul 2006

Ungarnas plastkusin sov över här natten till igår. På morgonen hörde jag några konstiga dunsar från ovanvåningen. Det var bara Gilla som hasade sig från Lizzys rum och in på sitt för att börja möblera om. ☺ Trodde nästan ungarna hade börjat med kuddkrig eller nåt. :P

Julia S kom och hälsade på. Vi fick ett ryck och körde ner till båten i Tosteberga. Gilla gick med kryckor hela vägen från bilen, längs hela bryggan och ut till båten. Sen kom problemet. Hur får vi i henne? Mange och Linda drog in båten så långt det gick så lyfte jag över henne och Nicke tog emot. Det gick bra förutom att lite linor var i vägen eftersom det är en segelbåt. Vi skulle bara ta en kort tur men ungarna blev sugna på glass så vi seglade till glassbåten i Sölvesborg. När vi kom ut på öppet hav fick Gilla ta över rodret och styra. Fast det var på villkoret att hon styrde med högran. Det gick jättebra fast emellanåt råkade hon styra lite häftigt. När vi sen skulle segla hem gick det rätt mycket sjö. Julia och Gilla satt nere i båten och började med 20 frågor. Sen försökte Gilla och Julia spela yatsi nere i hytten men det gick inte så bra. Julia fick sluta skriva och hålla i sig istället så mycket hoppade det. Rätt som det var blev Gilla sjösjuk. Det var bara att försöka baxa ut henne därbak i friska luften. Hon satt där väldigt tyst och svalde och svalde och svalde. Mange höll henne i ett stadigt grepp så hon inte skulle fara runt så mycket. Hon sa inte ett ljud förrän vi nästan var i hamn. Nu vill hon aldrig mer segla. ☺ Lizzy och Julia satt bara och gapskrattade och tyckte det var jättekul. Ett tag höll vi på att dö av skratt. Julia frågade Mange om han duschade skägget med när han duschade. (Han är rätt skäggig.) Julias mamma var inte vidare glad på oss när vi väl kom hem. Skulle ringt henne och sagt att vi blev lite sena men eftersom det blev sån sjö så gick inte det.

Idag ringde de om Gillas nya rullstol. Vi skulle fått den för nästan en månad sedan men nu kommer den i morgon i alla fall.

Killen kom äntligen och skulle laga tvättmaskinen. Tog bara lite mer än två månader. Men när han skulle koppla in kretskortet så small det som bara den. Antagligen hade han sönder den men skyllde på att det var fel kort. Nu dröjer det ytterligare några dar innan jag får tvättmaskin.

Vi körde och hälsade på Annika som jag jobbar ihop med. Blev lite nyfiken på hennes damm. Hon blev väldigt förvånad när vi dök upp för jag hade pratat med henne i telefon bara någon timme innan. Ska bli kul att se dammen när den är klar. ☺

Ons 2 aug 2006

Igår fick Gilla sin nya rullstol. Det var lite fler inställningar på den än på hennes gamla. Bland annat kan man höja handtagen så jag slipper gå dubbelvikt när jag kör den. Ryggstödet var med höj- och sänkbart så Gilla sitter mycket bekvämare i den. Höjden av allt var nog att där var ekerskydd så hon slipper bryta sina naglar. Jag får ju inte klippa dem så ni kan ju bara tänka er hur långa de är. ☺

På kvällen körde jag Gilla till Lina för att hon skulle sova över där. De kunde inte bli av med mig fort nog så de fick börja härja runt. ☺ Eftersom Gilla skulle sova över två nätter hos Lina så har ju inte jag så mycket att skriva i min blogg. Däremot har Linas mamma Gunilla tagit över och skrivit lite. Kan lova att de har haft kul och att det varit bra för Gilla. ☺

Det var tänkt att jag skulle slappna av när Gilla var hos Lina men ändå har jag stått på helspänn var gång jag gått ut och lyssnat in i huset om hon kallade. Fast jag tror jag har sovit som en stock i natt för första gången på över tre månader. Alla andra nätter sover jag med ett öra öppet så jag hör om Gilla kallar. Märks nu för så här trött har jag nog aldrig varit i hela mitt liv.

Idag var vi och hämtade ungdomsrummet till ungarna. Vi har ju blivit med husvagn. Ska ha den i trädgården så Lizzy och Gilla kan ha sina kompisar där och spela den musik de vill. Ska bli skönt att slippa ha dem inomhus. ☺

Kan tänka mig Gillas min när hon kommer hem och får se husvagnen. ☺ Då har hon att göra. Hela husvagnen ska tvättas och städas. Hon får köra rullstolsrace och ta så högt hon når sen får Lizzy ta resten. ☺

Jullibull_94 F12 Från Sölvesborg thihi, det har verkligen varit skitkul och sovit hos Lina ☺ du ska veta att vi skrattade HELA tiden ☺ haha. Gilla berättade föe oss om husvagnen ☺ Det låter kul ☺ haha. Du vill inte veta hur länge vi va uppe i går kväll :P GISSA!

Tors 3 aug 2006 (Skrivet av Gunilla)

Lina har Gilla, Emmie och Julia här!

Började lite lugnt med lite läsk på altanen sedan blev det grillfest i trädgården. Under tiden som grillen blev klar hade tjejerna tävlingar i trädgården i att köra rullstol. Gilla vann överlägset när det gällde att göra fickparkering så nära bordet som möjligt men hon hade ju ett par månaders försprång. Lina var lite snabbare än Emmie när de körde serpentintävling runt mina oljelampor och campingstolar.

Sen blev det stereon på högtryck!! Tjejerna har suttit på altanen, ätit chips och lösgodis, druckit läsk och spelat kort. Jäklar vilka skratt jag hört ikväll! En annan är förpassad till köket. Plötsligt kom Lina på att de skulle sova i mitt sovrum allihop... Ner med madrassen till bäddsoffan på golvet och bädda igen... Njuter av hur kul dom har...!!

Gilla och Julia har suttit vid pianot och Lina har spelat lite dragspel t.o.m. Emmie och Julia har försökt sig på dragspel. Undrar när vi kommer i säng ikväll? Men det kvittar, jag ska ju ligga på soffan så jag kan dra täcket över mej och bara låta dom ha kul!!

Just nu hände nåt jäkligt kul! Lina hade kopplat bort vältskydden bak på rullstolen och skulle köra på 2 hjul, det gick åt skogen! Platt på rygg med benen i vädret!! Men jisses vad vi skrattade!! Lovar att jag har lika kul som ungarna!!

Camilla, jag hoppas att du har det riktigt gott ikväll och än en gång tack för förtroendet att jag fick ha skitungen här!!

_Emmsan_94 F12 Från Sölvesborg oj vad kul vi hade! ☺ tack Gunilla och Lina för vi fick sova hos er! <3 xD
Jullibull_94 F12 Från Sölvesborg vi kom i säng typ kl: 04.30. haha. Det va skitkul att sova hos er ☺ det roligaste på hela sommarlovet ☺☺☺, jag skrattar fortfarande åt Lina ;P det såg så roligt ut! :P haha. TACK för att vi fick sova hos er! kram <3

Hundliv F36 Från Sölvesborg *ASG* Verkar som om ungarna haft kul iaf...

Tors 3 aug 2006

Glömde ju berätta lite som hände i tisdags. ☹

Vi hade köpt present till Lina eftersom hon fyllde år. När vi kom hem skulle jag ha Gilla till att skriva på kortet. Då började hon storgråta och sa att hon inte kunde skriva. Jag försökte övertala henne att Lina hade blivit jätteglad oavsett hur det ser ut, eftersom det hade varit det första Gilla skrivit till henne efter olyckan. Det slutade med att vi kompromissade. Jag skrev allt utom Gillas namn som hon skrev själv. ☺

När vi var hos Lina kom Emmie och Julia dit. De skulle också sova där en natt. När Gilla fick syn på dem ville hon möta dem gåendes på kryckor. Emmies och Julias miner var inte att leka med. Deras mamma Helen fick rätt blöta ögon... ☺ Sen tog jag kryckorna och Gilla gick en bit utan dem. Det blev nästan för mycket för Emmie, Julia och Helen. De hade ju bara sett henne i rullstolen. ☺

När jag hämtade Gilla idag så ville hon knappt hem så kul hade hon haft. Gunilla berättade att när Gilla hade varit på toa så hade inte Gunilla hört när hon kallade att hon var klar. När Gunilla kom in hade Lina hjälpt Gilla och när Gilla fick syn på Gunilla så hade hon spänt ögat i henne och sagt: Jag kallade faktiskt men du hörde inte... Jag riktigt ser det framför mig... Hi hi hi... Här hemma vägrar hon att skära maten själv för hon säger att hon inte klarar det. Hemma hos Lina skar hon köttet själv. Det slutade med att stripsen for över hela bordet, men hon försökte i alla fall. ☺

På bara de två dagar Gilla har varit hos Lina så har det hänt en massa saker med henne. Hon går betydligt stadigare både med och utan kryckor och man ser på henne att hon är betydligt gladare med. Det var jättebra för henne att få komma ifrån hemmet ett tag. ☺

Just nu är Lizzy på konsert och plastkusinerna är här hos Gilla. De har suttit och spelat spel och krängt godis. När de spelade Twister skötte Gilla snurran de andra fick slita på mattan. Vissa mindre viga än andra... *ASG* Kan lova att det såg kul ut...

Ungarnas morbror Sverre, hans sambo Linda och deras barn Philip och Moa var här. De har inte sett Gilla sen hon låg på sjukhuset i Kristianstad så det blev nog lite av en chock för dem när de såg hur långt hon kommit. ☺

mammarulle F34 Från Helsingborg såå roligt och läsa att det går så bra....ha det gott ni alla...kramar från oss...

Fre 4 aug 2006

När Gilla var hos Lina så hade Lina sagt att nu är den gamla Gilla tillbaks. Det är inte ofta hon är det men när hon väl är sitt gamla jag är det jätteskönt att se och höra.

Igår när plastkusinerna var hos oss sa den ena att när hon träffade Gilla för första gången för några veckor sen satt hon bara i rullstol och nu kan hon gå lite. Hon hade lite svårt att fatta det. ☺

För ett tag sen sa Micke i djuraffären till Gilla att innan sommaren var slut skulle springa igen. När vi kom dit idag gick Gilla med kryckorna. Han såg jättechockad ut och kunde inte fatta det riktigt. Alltid lika kul att överraska folk. ☺

Det märks ibland att Gilla har svårt att förstå saker. När vi gick på stan frågade jag henne om hon orkade gå till ett ställe till. Det gjorde hon men när vi sen skulle gå tillbaks var hon jättearg för att jag inte hade sagt att hon var tvungen att gå den sträckan tillbaka igen. Hon förstod inte av sig själv att hon var tvungen till det. Fast hon var jätteduktig. Hon gick från FloraPerssons parkering till leksaksaffären, vidare till optikern sen till djuraffären och tillbaka till bilen. Det var ingen kort sträcka och hon hade problem med kullerstenarna men det gick bra ändå.

Idag var vi hos Angelica och hälsade på. Innan hade Angelica varit lite rädd men nu tog hon det jättebra. Tror det var bra att hon fick träffa Gilla på sin egen hemmaplan och hon provade även på att köra rullstolen. Det var skönt att se att det släppt och att hon vågade prata med Gilla igen.

_Emmsan_94 F12 Från Sölvesborg Det sa Lina när vi satt och åt godis och spelade kort...Jag kan bara hålla med ☺ Gilla var verkligen som vanligt! (innan olyckan) det var så kuuul att höra hennes skratt !☺ puss & kram / Emmie

Mån 7 aug 2006

Chefen ringde för några dagar sen för att kolla läget. Han frågade hur det var med mig. Det var bara att erkänna att jag är trött. Fast man kan nog inte förstå hur trött man egentligen kan bli om man inte har varit med om något sådant som jag. Jag är så trött att jag orkar inte ens tänka och jag somnar vid de mest olämpliga tillfällen. Idag var jag så slut i huvudet så jag hittade inte ens till Nymölla och då är man verkligen trött. ☺

Igår var Lina och Angelica här. Det blev mycket spel och det är bra för då får Gillas hjärna tänka och förhoppningsvis komma igång igen ordentligt.

Idag var Gilla och Lizzy i Korsholmen och badade. Gilla hade bara rymt en gång. ☺ Hon vet att hon inte får gå utan att någon är med om hon skulle trilla. Hon hade suttit på rumpan och hasat sig fram. Alla sätt är ju bra. ☺ När jag lämnade dem var killarna som var där helt imponerade över hur pass "bra" hon kan gå nu. En stor skillnad mot första gången de träffade henne. Då satt hon ju bara i rullstolen.

Ska försöka få habiliteringen att hjälpa mig med ledstänger vid yttertrappan och trappan till ovanvåningen. Då blir det mycket lättare för Gilla att ta sig upp och ner. Som det är nu så om Gilla inte är för trött i benen så orkar hon gå upp när hon håller i mig. Annars går hon på alla fyra upp. Ner får jag bära henne och det är inte så kul om jag skulle råka trilla.

_lina_93_ *F13 Från Sölvesborg* Har du önskatt någott idag da!! Om trappräket?? För att det hade ju varit perfäkt! Så imon så åker vi till Hjo på dragspelsstämma! Ska bli as kul! :P ☺ ;) Du får hälsa Gilla, Lizzy och Niklas åxå :P

Tors 10 aug 2006

Någon frågade mig för ett tag sen om jag inte reagerade när jag hörde ambulansen. Hittills har jag inte gjort det men när vi stod på parkeringen vid EKO så kom en ambulans i full fart med sirener och blåljus på. Jag fick lite frispel och började nästan tjuta och tänkte att där låg Gilla. Kändes lite konstigt att jag reagerade så helt plötsligt.

Idag var habiliteringen från Karlshamn här. Sist de träffade Gilla satt hon i rullstol och hon provade på kryckor för första gången. När de kom hit idag så reste hon sig ur rullstolen och gick. Det var jättekul att se deras miner. Sjukgymnasten som var med är i det andra teamet så hon har inte Gilla men hon följde med för att se lite hur hon gick. Hennes haka föll rätt långt när Gilla började gå. De konstaterade att Gilla är rätt stel i knäna och behöver öva upp dem så hon kan gå lite bättre. Sen kollade de upp där vi behöver trappräcke så förhoppningsvis får vi det snart. Gilla önskade sig gröna metallic-kryckor så vi får väl se om hon får det eller det blir gråa igen. Börjar få gott om kryckor här hemma nu. Fast ett par ska vi lämna tillbaks till Lund nästa vecka när vi är där och det andra paret ska tillbaks till habiliteringen här i Sölvesborg.

Nu har ungarna börjat tvätta ren sin husvagn. Till och med Gilla lyckades skrubba lite på den. Hon satt och tog så långt hon nådde fast idag stod hon och skrubbade. Hon blir mer och mer stabil för var dag.

Nu ikväll när vi gick in började Gilla gråta jättemycket. När jag frågade vad det var så sa hon att det var orättvist att alla vi andra kunde gå var vi ville. Hon behövde hjälp när hon skulle gå. Kändes jättejobbigt att höra det så jag började nästan gråta själv. Fick trösta henne med att om ett litet tag så kan hon med gå riktigt och behöver inte ha mig hängandes efter sig. Hoppas det inte dröjer för länge för hennes skull.

Sön 13 aug 2006

I fredags var det dags för cruising igen. Den här gången följde Petro med. Vi tog med rullstolen för säkerhets skull men Gilla använde den inte alls. Det var bara kryckorna som gällde. De som såg henne på förra cruisingen var impade över hur långt hon hade kommit. Då satt hon bara i rullstolen. Det var nostalgikväll på radion med så de spelade bara 50´s och 60´s musik och man kunde ringa in och önska sig låtar. Gilla önskade låten Leader of the pack och tillägnade den till alla som körde i cruisingen. Petro och Lizzy önskade Teenager in love men där blev lite fel. Istället för att den var till alla som körde cruising- en så blev den till Lizzy och Petro. När vi sen körde upp på torget i Kristianstad (där man absolut inte får köra med bilen) så blev det världens jubel i baksätet. Ungarna blev helt vilda. ☺

Igår var det dags för utställning i Mörrum. De hade även mopedrally där. När alla mopederna körde iväg for Gilla efter med rullstolen. Hon ville också vara med. Vi höll på att dö av skratt. Till och med fotografen från någon tidning som var där började skratta. Vi fick springa efter henne och fånga in henne. Hon var sur som ättika när de kom tillbaks för att hon inte fick vara med i loppet. Jag sa till henne att hon måste anmäla sig först och då rullade hon bort till tjejen som hade hand om anmälningarna och skulle anmäla sig. Fast det fick hon inte.

En annan kul grej var när vi skulle fika. Gilla satt i rullstolen och kunde inte bestämma sig för vad hon ville ha. De hade inte så mycket gott att välja på. Han bakom disken började nästan tröttna på henne. När vi sen skulle lämna in brickan reser sig Gilla upp, tar brickan och går till kassan och lämnar in den. Ni skulle sett hans min... Sen gick hon rätt mycket där inne och lite där ute. Hon behöver ju öva sig ordentligt.

På kvällen travade Gilla runt inne i huset utan kryckor. Nu är hon så pass stadig så jag behöver inte följa henne hack i häl hela tiden och det är ju skönt för Gilla. Fast en gång kom några på henne när hon travade runt helt själv så de skällde lite på henne. ☺ En gång råkade en kille trampa henne på foten. Det tog tydligen rejält för hon har fortfarande ont i den.

Idag var vi en runda hos Frida och Emilia. När vi skulle åka därifrån så ville ungarna att vi skulle åka nercabbat. Det var bara att fälla ner taket och se glad ut. Jag hade naturligtvis ingen hårsnodd med mig så jag hade lite problem att borsta ut håret när vi kom hem. Lizzy ville åka en sväng genom Sölvesborg med så det fick vi ju göra. Kunde ju va någon där som såg henne... ☺

Nu har Gilla börjat rita lite mer med högerhanden. Det börjar bli nästan lika bra som före olyckan. Fast hon är ändå inte nöjd med sina teckningar. Hon vill ju att det ska va precis som tidigare.

Nästa vecka är vi i Lund igen. Men nu är det för sista gången. Ska bli skönt att slippa åka den sträckan igen och behöva vara hemifrån.

Music_Mandan F11 Från Sölvesborg jag satt här och gapskrattade när jag läste om moped racet alla här hemma undrade varför jag bara "En grej på datorn" Och fortsatte med att skratta..

Ons 16 aug 2006

Så var vi åter hemma efter några korta men väldigt intensiva dagar i Lund.

När vi kom till Lund blev alla chockade när Gilla travade runt utan kryckor och utan att hålla i mig. Var jättekul att se deras miner. ☺

Dagarna har gått åt till en massa tester. De skulle bl.a. kolla minnet, koncentration och inlärningsförmågan (tror jag att det var). Många av testerna hade inte ens jag klarat av. Ett test som jag absolut inte hade fixat var när Christina (psykologen) rabblade upp 6 olika siffror på rad. Sen skulle Gilla rabbla upp dem baklänges. Testerna visade att Gilla var värre däran än jag trodde. Det kommer att bli problem i skolan. Hon kommer inte att orka hela dagarna. Hon måste ha många korta raster. Allt skolarbete tar minst dubbelt så lång tid som för de andra vilket gör att hon inte kommer att hinna med så mycket. Det här kommer att ta många år innan det blir någorlunda normalt om det ens blir det. I början ska hon tydligen bara vara i skolan för den sociala bitens skull. Lär hon sig något undertiden så är det ett plus. Idag pratade de om anpassad skolgång. Det innebär att hon bara läser ett par ämnen istället för allt. De pratade om att anpassad studiegång finns ända upp till universitetsnivå. Då vet man ju vad vi har att vänta. Känns jättesurt att Gilla får sådana problem bara för att någon inte kunde hålla ögonen på vägen när den körde. Pratade med Gilla idag om att hon inte ska bli ledsen för att hon inte hinner lika mycket som de andra i klassen. Hon svarade med att emellanåt kommer hon nog att bli både arg och ledsen för det.

I tisdags var vi hos ögonläkaren. Synen hade blivit lite bättre. Nu ser hon tredje raden uppifrån. Ögat följer med lite bättre också men pupillen kommer aldrig att bli bra. Den kommer att fortsätta vara jättestor. Idag pratade jag med Gilla om att hon kanske behövde glasögon. Då blev hon jätteledsen och grät för det ville hon absolut inte ha.

På sjukgymnastiken fick Gilla gå en hinderbana. Först skulle hon balansera på bänken. Då var både jag och Marie tvungna att hålla i hennes händer. Sen skulle hon gå upp och ner på olika pallar. Där räckte det med att hon höll oss i fingrarna. Sen skulle hon stå i barren och kasta ner bollar från konorna med andra bollar. Efter det skulle hon kasta ärtpåsar i olika poänghål. Efter det skulle hon gå över några hinder. Där behövde hon inte hålla i oss så det gick jättebra. Sen skulle hon gå innanför två linjer. Det gick sådär och efter det skulle hon gå längs en linje. Det gick inget vidare. Sen var det bowling och fotboll och tillslut basket. Det var alltså ingen liten hinderbana. ☺

Gilla har även fått göra fruktsallad helt själv. Hon hanterade kniven jättebra och fruktsalladen blev jättegod.

Idag var vi i Helsingborg och körde fyrhjulsdriven mc. Jag var lite orolig för att hon inte skulle klara att hålla balansen på den och att hon inte skulle orka styra den eftersom hon fortfarande är lite svag i högerarmen. Men det var inga problem. Hon körde på som bara den och slirade och hade sig. Gilla körde ca 1 timme 15 minuter aktivt. Mycket längre än vi trodde hon skulle orka. Sen fick vi knappt henne därifrån. Fick nästan lova att vi skulle köra dit igen.

Kvällarna i Lund var rätt sega för vi var de enda som var där. Fast då var det i och för sig lugnt och inte en massa liv. ☺ Nu var det sista gången vi var där. Eventuellt ska vi på uppföljning om något år men det är inte säkert att vi får komma dit då. Beror på om kommunen här hemma godkänner och betalar. Tycker det hade varit bra om vi fått komma dit igen eftersom det är de som har haft hand om Gilla fram till nu.

Fre 18 aug 2006

Igår var det upprop på mitt jobb. Jag och Gilla körde dit. Det kändes jättekonstigt att vara där och inte jobba. Jag har fortfarande jättesvårt när det är mycket folk. Jag klarar inte riktigt när alla kommer fram samtidigt och ska prata. Fast det blir lite bättre för var gång.

Efter att vi varit på jobbet körde vi till Gillas skola och hälsade på hennes nya hjälpfröken Marie. Vi gillade henne jättemycket båda två så jag tror det kommer att bli jättebra. Skolsköterskan Agneta kom ner och hon började nästan gråta när Gilla reste sig upp och gick. Jag kollade lite om hon klarade av att sitta ordentligt på skolstolen men det var inga problem. Var nästan bra att den är lite högre än normala stolar för det var lättare för henne att sätta sig och ställa sig. Sen fick Gilla visa lite när hon körde rullstolen. Lena, Roger och Marie blev väldigt imponerade.

På eftermiddagen körde jag Gilla till Lina. Hon skulle sova där på natten eftersom jag skulle på möte i Lund morgonen efter.

Natten var ingen höjdare. Antagligen har jag fått magkatarr men inte känt av det innan eftersom jag är på helspänn hela tiden. Nu slappnade jag av när inte Gilla var hemma och då kändes det.

Idag var jag på möte i Lund. Gillas fröknar Marie och Cissi var med där och även hjälpfröken Marie och skolsköterskan Agneta. Sen var det samordnaren och två LSS-handläggare. Från Lund var det psykologen Christina, läraren Barbro, arbetsterapeuten Teresia, sjukgymnasten Marie, psykologistuderande Amelie och den nya läraren Else deltog också så vi var rätt många. När Christina började prata om olyckan och skadorna fick jag nästan gå ut. Så jobbigt var det att höra det men jag lyckades stå ut. Mötet gick jättebra så jag tror att allt kommer att fungera bra i skolan när Gilla börjar där.

På kvällen hämtade vi Gilla hos Lina men det slutade med att Lina följde med hit. Just nu håller Lina, Gilla och Lizzy på att inreda husvagnen. De hade tänkt sova där inatt. Jag har planer på att kanske gå ut och spöka lite senare... Hi hi hi...

När Gilla skulle säga hejdå till alla i Lund innan vi åkte hem i onsdags kändes det lite tufft. Hon tyckte det kändes ledsamt att inte få träffa dem igen. Vi har ju ändå varit där ett antal veckor.

Sön 20 aug 2006

Det blev inget spökande för ungarna i husvagnen. Vågade inte för då hade jag väl aldrig fått dem att sova där igen... ☺

Igår körde vi och Lina till en restaurang som heter Back to the 50′s. Den är inredd så att den ser ut att vara på 50-talet. Ungarna blev helt till sig när de kom in där. När de sen fick in hamburgarna höll de på att smälla av. Det var inga små hamburgare. Den minsta är 150 g och den största 1000 g. Jodå det står rätt. Den är på ett kg. *Puh* Då får man vara bra hungrig. Det är inte strips till utan klyftpotatis så jag kan lova att man blir mätt. När ungarna skulle ta hissen upp fastnade hissen när den var nästan ända upp. Fast de lyckades få igång den igen nästan direkt men alla var rätt vita i ansiktena efteråt. ☺

När vi kom tillbaks ville de köra en cruisingrunda i Mjällby. Kompisarna kunde ju vara ute och se dem. Tyvärr var det bara en kompis som såg dem. Tyckte lite synd om ungarna då.

En gång när Lina skulle hjälpa Gilla fick Gilla ett av sina aggressiva utbrott. Som tur var så tog inte Lina åt sig utan hon bara struntade i det. Det var bra för jag hade glömt att säga till henne om Gillas små utbrott och att hon inte skulle bry sig om dem.

På kvällen kollade alla tre ungar på en film med bara jänkebilar. Först satt de som klistrade vid TV:n sen tröttnade de av nån konstig anledning. ☺

På natten skulle de sova i husvagnen igen. Rätt som det var kom Lina inrusandes. Då hade det hänt något med ljuset därute men det fixade sig. Gilla börjar verkligen bli sitt gamla vanliga jag igen för hon stod och dummade sig som bara den i husvagnen. Var rätt kul att se.

Idag fick vi ett ryck när Lina hade åkt hem. Det var meningen att vi bara skulle ta det lugnt för Gilla behövde vila inför skolan i morgon men vi körde och såg Katten Gustav på bio istället. Bion i Kristianstad är lite sämre än den i Bromölla för här var trängre mellan raderna. Som tur är kan Gilla böja lite mer på benen nu annars hade det aldrig funkat.

När vi var i Lund den här veckan fick Gilla lära sig att ta sig ner på golvet och upp igen med hjälp av något att ta tag i. Igår gick hon ner på golvet och upp igen utan något till hjälp. Jag är impad. När Linas mamma Gunilla kom idag för att hämta Lina så visade Gilla henne med. Men den här gången lyckades Gunilla hålla sig från att börja gråta... ☺

Mån 21 aug 2006

Jaha så var man redan upp i 80:e delen av den här följetongen. Det går snabbt...

Idag började Gilla skolan. Det hade väl gått sådär. Marie, Gillas hjälpfröken, berättade att Gilla hade varit rätt tjurig och sur i skolan. När Marie hade sagt till henne att hon skulle gå och vila hade Gilla vräkt ur sig att hon inte vara nån bebis. Problemet är ju bara att hon måste gå och vila ofta så hon orkar med hela dagen. Men få in det i huvudet på den tjurskalliga ungen är ju inte det lättaste. ☺ Jag försöker få henne att förstå att går hon inte och vilar så orkar hon inte med hela skoldagen.

Körde ner en runda till Rusta på kvällen. När vi kom ut ur affären kom det en vilt främmande kille och två tjejer fram och började prata med Gilla. Det var de första okända som såg att hon var en tjej. Alla andra tror att hon är en kille. Killen pratade på som bara den och när vi skulle gå till bilen så pussade han Gilla på pannan. Hon blev rätt generad... Hi hi hi... När vi gick hörde jag honom säga att han tyckte Gilla var helmysig... Mycket ska man vara med om. ☺

Försöker få Gilla i säng rätt tidigt om kvällarna så att hon orkar med skolan men det kan jag ju glömma att jag lyckas med. *Suck* Envisare och tjurigare unge får man ju leta efter.

rozzebozz F38 Från Sölvesborg Hallao camilla! Kan ju tala om att du inte ensam om att ha envisa och tjuriga ungar när det gäller sängdax. Vi är nog rätt många om det nu efter lång ledighet. Men vi får tycka om dom iaf. Kram

Tors 24 aug 2006

Tisdagen gick lite bättre i skolan. Gilla var inte lika trött som på måndagen och det var ju skönt.

Jag fick tag på grossistfirman som har hand om just det märket av cykelhjälm som Gilla hade vid olyckan. Jag berättade hela historien för dem och nu vill de använda den i sin marknadsföring av hjälmarna till bland annat Vägverket och NTF. Eftersom jag är helnöjd med hjälmen och Gilla gick med på det så sa vi ok. Hade det varit en annan hjälm så tror jag att Gilla hade haft lite mer skador än hon har. Nu ska vi bara försöka skriva ihop vad som hände under olyckan och skicka upp till dem.

I onsdags var jag med i skolan på en lektion för Gillas hjälpfröken Marie var tvungen att åka iväg. Det var kul att se att hon klarar sig så pass bra som hon gör och att alla klasskompisarna ställer upp och hjälper henne. Jag var med på konstlektionen och där skulle de rita något som visade vad de var för någon person. Gilla ritade en groda som jag blev jätteimponerad av. Jag hade aldrig lyckats rita så fint. ☺

Marie berättade att Gilla hade varit lite okoncentrerad på en lektion och inte lyssnat på läraren. Då hade Marie tagit ut henne i grupprummet och drämt böckerna i bordet och sagt till henne på skarpen. Precis vad Gilla behöver.

Någon som inte daltar med henne utan behandlar henne som vilken annan tjej som helst.

På eftermiddagen var LSS-handläggarna här och pratade om assistenten som vi önskade oss. Det var ju bara såååå besvärligt. *Suck* Verkar bara som om jag kan få lite avlastning men det hänger på vad läkaren säger om min sjukskrivning nästa vecka.

På kvällen var det terminens första föräldramöte i Gillas klass. Ska jag vara ärlig så brukar jag aldrig gå på dem för jag tycker inte de ger något men nu misstänkte jag att de skulle prata lite om Gilla med. Mycket riktigt... Lite kom det men det tyckte jag var bra så de andra föräldrarna fick reda på hur läget var. Fast det var fruktansvärt jobbigt att lyssna och jag var nästan på väg ut. Fixar inte riktigt när andra berättar om olyckan och vilka problem Gilla har.

Pratade med grannen idag och hon undrade om jag hört något från polisen. När jag berättade att förundersökningen lagts ner blev hon jätteupprörd. Hon tyckte det var rent ut sagt för jäkligt att inte bilisten fick något alls. Jag håller med henne helt och hållet. Något borde bilisten ju fått...

I skolan hade Gilla varit rätt trött idag. Fast nu kom hon ju i säng senare än vanligt eftersom jag var på föräldramötet. Ungarna hade "barnvakt" då så det gick ju inte att få i säng henne i vanlig tid. Men det var bra för då såg både

hon och jag hur viktigt det är att hon kommer i säng i tid.
☺

Pratade med vägverket idag om vägen som går utanför vårt hus och som ungarna måste korsa för att ta sig till skolan. Tyvärr kan de inte göra något åt hastigheten som ligger i snitt på ca 120 km/timme. Men det verkar som om de ev. kan sätta upp lite skyltar om t.ex. Varning korsande skolbarn, eller något liknande. Nu håller jag tummarna för att de gör det och att det kanske hjälper lite.

Sön 27 aug 2006

I fredags var Gilla så trött på morgonen så jag funderade på om jag skulle hålla henne hemma från skolan. Tyvärr gjorde jag inte det. Märkte sen på eftermiddagen att hon hade behövt sova mer. Man får ju se från dag till dag vilken form hon är i och hur mycket vila hon behöver.

I lördags var vi på Lekens och Idrottens dag för handikappade i Furuboda. Gilla blev skitsur för att hon inte fick köra 4-hjulig mc själv. Man fick bara åka. Hjälpte inte ens att hon fick åka häst och vagn.

Sen fick man prova på att spela olika instrument. Gilla och Lizzy spelade synth. Jag fick trycka på knappar som lät som gitarrer och en kille fick trycka på nåt som lät som en bas. Sen spelade en i personalen ett par låtar och sjöng till. Samtidigt lyste olikfärgade lampor och då skulle vi trycka på knappen i samma färg. Måste säga att det lät väldigt bra... ☺

Vi träffade på Ellen, Teresia och StoraGilla från habiliteringen i Lund. De var och hjälpte till där. Direkt när vi kom in på området var det fullproppat med såpbubblor. Jag tänkte direkt på Ellen och jo då... Naturligtvis var det där hon var.

Sen var det uppträde med Sara Löfgren. Vi bänkade oss på första parkett och sedan fick ungarna hennes autograf.

Idag var vi på Power Meet i Emmaboda. Det är en jättestor bilutställning. Som vanligt blev jag fattig när ungarna handlade. ☺ Men jag köpte mig en ny bil i alla fall... Äntligen fick jag min drömbil. En rosa Cadillac -59 med vit cabbe och vit skinnklädsel. Tyvärr är den alldeles för liten för att köra. Var ju bara en samlarbil men det är ju det närmaste jag kommer för jag lär aldrig ha råd att köpa en riktig... ☹

Tis 29 aug 2006

Det märks att killar har svårare att ta det här med Gilla. Mina bröder vet inte hur de ska hantera det och likadant med de flesta andra killar vi haft kontakt med. I fredags var jag och handlade spån hos Henrik. Han visste inte riktigt heller var han skulle titta eller vad han skulle säga. Typisk killreaktion... ☺

Ibland har man nytta av rullstolen. När vi var i Emmaboda hade de äckliga baja-major där. Som tur var hade de en handikapptoa med och det var ju inte helt fel. ☺ Då slapp man gå in i baja-majorna.

Natten till igår började mardrömmarna komma. Jag sov väldigt oroligt och när jag tänkte efter hade jag drömt något om att Gilla var ett kolli. Som tur är är hon inte det.

Igår gjorde Gilla något som hon inte gjort sedan olyckan. Hon ringde en kompis, Angelica, för att prata lite. Kändes jätteskönt att hon kunde ta det initiativet själv utan att jag behövde säga till henne att göra det.

Idag var vi på habiliteringen i Karlshamn för första gången. Där fick Gilla ett ryck och klättrade upp i ribbstegen och dunkade basketbollen i korgen. Marie satt på helspänn om hon skulle trilla ner. Men det var inga problem.

När vi åkte därifrån skulle vi ha en stor pilatesboll med oss. Efter lite ommöblering i bilen och bagageluckan öppen så gick det. ☺

Väl hemma skrämde Gilla skiten ur mig och Lizzy. Vi hörde bara en jättesmäll och sen ett illvrål. Gilla hade trillat av pilatesbollen. Lizzy blev jättehispig för att hon kanske hade slagit i huvudet och jag for in i rummet och kollade ben och huvud. Det enda hon hade slagit i var ryggen som fick en smäll av bordet.

Puh vad skönt att den här dagen snart är över. Gilla har varit på ett rent ut sagt jäkla humör. Först var hon arg på Marie för att hon missade musiken när vi skulle till habiliteringen. och det var ju inte ens Maries fel. Sen var hon jätteargsint för att hon fick hicka och den ville inte gå över. Det gick inte ens att prata med henne. ☹ Märks att hon har fått ett jäkla humör efter olyckan...

Har nog glömt att berätta en jättekul grej. Gilla har ju alltid varit full av bus. Det har börjat komma tillbaks nu. En dag drog hon ner pyjamasbyxorna nedanför häcken och sedan gick hon runt och visade trosorna. Hon härmade killarna för att de alltid går så. Gissa om jag fick ett gott skratt... ☺

Jag har upptäckt att Gilla har lite problem med att komma ihåg vad hon ska göra. På morgnarna när hon ska göra vid sig måste jag påminna henne om att tvätta ansiktet för det kommer hon inte ihåg. Sen måste jag säga till henne att ta av pyjamas tröjan för att tvätta sig och ta deodorant. Men jag hoppas att det ordnar sig så att hon kommer ihåg sådana självklara saker.

Just nu när jag sitter och skriver det här hänger Gilla över min axel. Hon upptäckte till och med ett stavfel och det är jättebra med tanke på att hon har problem med läsning och stavning. Det går tydligen framåt där med. ☺

_Emmsan_94 F12 Från Sölvesborg vad är kolli ? kram / Emmiie

Tors 31 aug 2006

Inatt har Gilla varit på lägerskola ute i skogen.

Nästan hela dagen igår öste regnet ner. Gilla var dyngsur och frös som bara den. Marie ville skicka hem henne men hon vägrade.

Klassen hade varit jätteduktig och byggt en "toa" som Gilla kunde sitta på utan problem. Det var det största problemet vi hade hur hon skulle klara det men tack vare en var det inga problem.

På natten fick de som ville sova inomhus eftersom det var så blött ute, men inte Gilla inte. Hon och ett gäng friskisar sov i vindskydd. På natten när Gilla behövde på toa hade alla de andra tjejerna följt med så att inget hände.

En gång rymde Gilla. Hon skulle på toa och traskade iväg alldeles själv fast hon inte fick. Det slutade med att när tjejerna upptäckte det satte de av efter henne...

När jag hämtade Gilla idag så var hon en helt annan unge. Det gjorde jättemycket att hon fick vara med hela tiden och verkligen känna sig som en "normal" unge.

Utan klassens hjälp hade det här aldrig gått. Ett jättestort tack till er alla som gjorde det möjligt för Gilla att få vara med utan problem!

Jullibull_94 F12 Från Sölvesborg heej ☺ hihi, det var skitkul igår och idag ☺ Gilla sjöng i sömnen ;P haha. Hon sjöng; Jag vill vara din Margareta bara vara din ska du veta ;P hehe. Då skulle du hört hur vi skrattade ☺. Snygg frissa du har nu ;D kramar <3

Sön 3 sep 2006

I torsdags var Gilla jätteledsen för att hon inte kunde vara med på gympan på fredagen. De skulle göra något som hon inte kunde vara med på och det är jättesvårt för henne att inse att hon inte fixar allt.

I fredags behövde Gilla sovmorgon. Det tog jättehårt på henne att va ute i skogen och sova där. Jag hade redan bestämt med Marie att Gilla bara skulle vara med på slöjden så fick hon vara med på något kul den dagen och sen ta det lugnt.

Just nu ligger Gilla i nästan 40 graders feber så det blir ingen skola för henne i morgon. Hon är så dålig så hon klarar inte ens av att gå på toaletten själv. Jag får bära in henne. Försöker få i henne mycket vätska men hon kan knappt hålla glaset själv. Allt bara skvalpar ut.

Det är ju typiskt att hon blir sjuk nu när jag ska börja jobba i morgon. Jag har gått sjukskriven de här fyra månaderna men i morgon är det dags att gå tillbaks till det gamla vanliga. Ska bara jobba halvtid till en början så får jag se hur mycket jag klarar av. Ligger ju fortfarande med ett öra öppet om nätterna om Gilla skulle kalla så det blir ju inte att jag sover riktigt. Sedan tar allt det här så hårt psykiskt så jag är helt färdig hela tiden. Men men... Tiden får utvisa hur mycket jag fixar. Går kanske bättre än jag tror.

Jullibull_94 F12 Från Sölvesborg Aah :(Typiskt att Gilla är sjuk =(Emmie hade feber när vi kom hem från skolan efter lägerskolan, men hon är ju frisk nu. Hälsa Gilla att hon ska krya på sig! Det blir tråkigt i skolan utan Gilla :/ hoppas hon blir frisk snart. Kramar <3

Tis 5 sep 2006

Igår började jag jobba för första gången sedan olyckan. När jag körde dit fick jag sådan ångest att jag nästan höll på att vända och köra hem igen. Tror det berodde mycket på att Gilla låg hemma och var sjuk. Mina föräldrar var där med henne.

När jag kom till jobbet stod det en krukväxt på min receptionsdisk från Jennie, en av lärarna. Sen kom Yvonne med en växt från hela personalen. Jag blev jätteglad för båda och började gråta lite smått när Yvonne kom med den. ☹ Typiskt mig att vara så känslig.

Var rätt jobbigt att komma igång igen. Huvudet ville inte riktigt funka.

När jag kom hem var Gilla feberfri och hade varit det hela dagen. På kvällen hade vi utvecklingssamtal med Gillas fröknar. Det var rätt bra för de kom med ideér hur de kunde göra för att hjälpa till att bygga upp finmotoriken i framförallt Gillas högerhand.

Idag fick jag nästan hjärtattack här hemma. Hörde det knackade på dörren och när jag gick för att titta stod det ambulanspersonal i hallen. Inte Tommy och Martin som kom för att hälsa på Gilla utan några helt andra. Min första tanke var att nu hade något hänt Gilla i skolan så de bara svängde in för att hämta mig. Kändes som om jag höll på att svimma. De måste ha sett det på mig för de var jättesnabba på att säga var de skulle. Visade sig att de kört lite fel.

Ortopeden ringde idag. Jag har ju begärt ut läkarjourna-
lerna han ringde för att säga att den var på 60 sidor så han
skulle plocka bort lite som var oväsentligt och sen skicka
resten. Han berättade även att när Gilla ska plocka bort
spiken så kommer de att söva henne. Det känner jag redan
nu att jag inte kommer att fixa. Allt från när hon låg med-
vetslös kommer att komma tillbaks.

På kvällen hjälpte jag Gilla med läxan. Nu ser jag vilka
svårigheter hon har i skolan. Hoppas det rättar till sig så
fort som möjligt men det är ju inte säkert.

Gilla hade blivit jättearg på Marie i skolan för att hon
inte förstod det här med ordklasser. Då hade Marie sagt
till på skarpen att Gilla inte skulle bli arg på henne. Hon
kan ju inte hjälpa att Gilla inte riktigt förstår. Bra att hon
säger ifrån på skarpen och inte håller på att daltar med
Gilla.

På gympan hade Gilla gått häcklöpning. Bra träning för
henne att öva sig på att gå över hinder. Jag tror att hon
kan mer än vi tror så jag har sagt ifrån att hon ska försöka
göra så mycket som möjligt på gympan. Funkar det så är
det bra. Gör det inte det så har hon i alla fall provat.

Sjukgymnasten på habiliteringen hade varit med på
gympan idag. Hon hade sagt till Marie att Gilla är helt
läkt nu och att det inte gör något om hon trillar. Det ingår

i hennes utveckling att om hon trillar så ska hon lära sig att ta emot och ta sig upp igen. Fast jag fixar inte att bara stå och se på när hon trillar. Tror inte att Marie gör det heller.

jesse_ F34 Från Sölvesborg Kämpa på Milla! Vi måste ses snart och uppdatera vad som händer. Vi stressar järnet här för att få färdigt.

Jullibull_94 F12 Från Sölvesborg Duu, jag fattade inte heller det där med adjektiven och verben och suptantiven eller vad det nu heter ;) haha ☺ hjälp vad jag kommer bli rädd om Gilla ramlar! kramar :)

Mån 11 sep 2006

Blir längre och längre mellan bloggarna men det är för att Gilla är på en "plattform" nu och då händer det inte så mycket.

Förra veckan sprang Gilla lite. Tyvärr missade jag det. Jag försökte få henne att springa här hemma på kvällen men då var hon för trött i benen.

På gympan hade faktiskt Gilla klättrat upp ett steg på klätterväggen. Hon ger sig inte den envisa åsnan... ☺

I helgen sov Gilla hos sin mormor och morfar för första gången. Hon ville göra det och nu vågade min mamma låta henne göra det eftersom hon är lite stabilare. Det var meningen att jag skulle gå ut på Altona då men när jag kom hem var jag så trött så jag satt bara och myste med Lizzy istället.

På söndagen var Emmie, Julia och Amanda här. Alla fyra ungarna röjde runt rejält i husvagnen. Sen skulle de spela spel ute på studsmattan. Gilla tog sig upp och ner själv utan problem.

Idag var folk från kommunen här och mätte upp för trappräcket. Får se när det kommer. Blir ju inte världens snyggaste här inne men huvudsaken är att Gilla har något att hålla sig i.

Det var dags för den första vattengympan i Asarum idag. Vi var där halv fem för att Gilla skulle ha lite tid på sig att byta om i lugn och ro. I dörren mötte vi sjukgymnasten Malin. Det visade sig att hon hade råkat skriva fel tid på pappret, vilket hon inte visste om. Vi skulle varit där 15.45 istället för 16.45. Hmmm. Vi gjorde upp om ny tid så nu blir det 15.15 istället. Det är bra för då blir det inte så sent på kvällen.

_lina_93_ F13 Från Sölvesborg Hoppas att trappräket snart kommer! Jag tror att det kommer att bli fint. Kram ha det så bra alla FYRA:P !!

Tis 19 sep 2006

Det har hela tiden varit barnläkaren som har skött min sjukskrivning men nu helt plötsligt när vi blev överflyttade till Karlshamn ville inte de ha hand om det. Blev rätt smått irriterad och ca 10 minuter efter att jag pratat med dem ringde kuratorn därifrån upp mig. Antagligen hade hon fått reda på det och skulle kolla läget lite. När jag sen ringde vårdcentralen här i Sölvesborg och berättade hela historien blev de med rätt irriterade. De höll med mig om att det var barnläkaren som skulle ha hand om det eftersom han kan hela historien. Men de tog ändå hand om ärendet som tur var.

I helgen var det fullt upp. Fredagen var det cruising i Kristianstad. Lizzys kompis Jennifer och Gillas kompis Angelica var med. Det verkade som om alla ungarna hade kul. De sjöng och vinkade till alla som vi körde förbi. Såg de inte ungarna skrek ungarna på folket. Tur man inte känner så många där. ☺

I lördags var vi på kräftskiva hos Gunilla och Lina. Märks att jag fortfarande har svårt för mycket folk. Som tur var så behövde jag inte prata så mycket utan kunde hålla mig lite för mig själv. Lizzy som annars har varit så framåt när det gäller folk hon inte känner har blivit mer inbunden sen olyckan. Hon blev jätteledsen efter ett tag på kräftskivan för hon kände sig utanför när bara Gilla vågade vara social. Hoppas det släpper och att hon blir sin gamla vanliga Lizzy igen.

I måndags var det dags för första vattengympan i Asarum. Där var två andra tjejer med samtidigt så de, Gilla och sjukgymnasten spelade lite vattenvolleyboll. Kändes nog lite konstigt för Gilla att inte vara själv. Hon är ju van vid att sjukgymnasten ägnar sig bara åt henne men det gick bra ändå.

Idag var vi på Neurologiska kliniken i Lund på återbesök. Först när vi kom dit hälsade vi på NIVA där Gilla låg direkt efter olyckan. Den första vi sprang på därinne var en sköterska som hade haft hand om Gilla. Hon blev jätteglad när hon såg att Gilla kunde gå och att hon blivit så pass bra. Sen letade vi upp doktor Peter. Hans min när Gilla kom gåendes var rätt kul att se. Sen tog jag lite foton på honom och Gilla eftersom jag glömde det förra gången vi var och hälsade på. Tyvärr var det inte så mycket personal som jobbade idag som var där när Gilla låg där så jag kunde inte ta foton på dem.

Just nu är Gilla på en "plattform" så det händer inte så mycket. Fast med tanke på hur mycket det har hänt fram tills nu så är det inte konstigt att det stannar av lite. Någon gång måste det göra det och sen tar det fart igen och det händer nya saker.

moped_100 F13 Från Fjälkinge hehe gilla du är så duktig..hehe

Ons 27 sep 2006

Förra veckan var Gilla rätt sur på Mange. Ett av hennes mål var att hon skulle bli så stabil så hon kunde åka motorcykel med honom och nu har han gått och sålt den... Oj oj oj... Inte lätt. Men han sa att han skulle hyra en så hon fick åka ändå. ☺

I fredags blev Gilla jätteledsen. Hon hade suttit och läst dagboken jag skrev när hon låg på NIVA. Det var första gången hon läste i den. Jag fick henne att lova att hon inte läste mer i den om inte jag var med henne.

I helgen bar Gilla över gamla brädor till grannen som han ska elda upp. Hon gick ett par vändor sen var hon trött och orkade inte.

Trodde nästan att jag skulle få åka in till akuten i helgen med Gilla. Hon har ingen känsel i den ena foten. En kväll började det klia som bara den och den andra foten svullnade upp så hon knappt fick på sig skon. Kliandet var så illa så hon placerades i badkaret och det hjälpte faktiskt lite. Tror att det är nerverna som håller på att hitta rätt. Svullnaden i den andra foten berodde på ett myggbett. De är tydligen extra giftiga nu.

Igår trillade Gilla när hon var ute i trädgården. Hon har fortfarande stora problem med att böja knäna och när hon trillade så böjdes de jättemycket. Jisses vad hon skrek. Kan tänka mig att det gjorde jätteont. Jag rusade ut och hjälpte henne upp och sen kändes det bättre.

Morgnarna är fortfarande rätt tuffa. Gilla stelnar till under natten och när hon sedan stiger upp klarar hon inte av att gå måste jag hålla i henne så hon inte trillar.

Hobson F58 Från Sölvesborg Hej Camilla Jag vet inte när jag skrev sist Men jag tycker Gilla är en toppentjej och vi hade så roligt på kräftskivan hos Nilla Jag skall bort till Nilla imorgon och lämna foton Ha det bra Kram Nettan

Tors 5 okt 2006

Julia sov här hela helgen. Första natten sov de i husvagnen alla tre. Andra natten fick de sova inne på grund av åskan. Vågade inte låta dem vara där ute då.

I helgen började Gilla sätta tandkräm på tandborsten för första gången. Det har hon inte lyckats med innan.

I måndags när vi var på vattengympan kom kuratorn dit. Hon frågade om jag träffat den nye barnläkaren. Jodå sa jag och jag tyckte INTE om honom. ☹ (Ibland bara måste man säga vad man tycker) Sen sa jag till henne att läkaren i Lund frågat om inte Gilla fick nån mental träning. Då undrade hon vad det var och vad man gjorde då. Ska inte habiliteringen kunna sånt??? Jag sa även till henne att jag tyckte Gilla fick för lite träning. Vi pratade även om syskongrupp för Lizzy. Hon kan behöva komma ut och träffa andra som är i samma sits som hon själv. Då känner hon att hon inte är själv.

I tisdags lyckades Gilla duscha helt själv. Gissa om hon var mallig när hon var klar och kom ut. ☺ Det är ju pinsamt för henne att mamma ska duscha henne var gång så det var säkert jätteskönt att hon klarade det själv.

I går var jag hos läkaren och fick min sjukskrivning förlängd. Jag orkar jobba knappt halvtid men jag tror att jag behöver det för att inte klättra på väggarna. Nu är jag halvt sjukskriven året ut. Är så slut när jag kommer hem om dagarna så jag slocknar direkt på soffan. Orkar inte göra någonting här hemma.

Idag var vi på sjukhuset i Kristianstad. Först hälsade vi på barnavdelningen där vi låg. Alla blev jätteglada när vi kom. En av lärarna som Gilla hade där blev så glad så hon började dansa runt med Gilla. När vi var på lekterapin kom Kristianstadsbladet dit och skulle göra ett reportage.

Det slutade med att Gilla blev intervjuad och kommer i tidningen på lördag.

Sen gick vi till röntgen. Alla plåtarna blev bra så vi slapp ta om dem.

Efter det letade vi upp sjukgymnasten Maria som Gilla hade. När hon i receptionen kallade på Maria i snabbtelefonen hörde vi ända ut i väntrummet hur Maria skrek GILLA... JAAAAA... Sen kom hon utfarandes. Hon hade förväntat sig att Gilla skulle gå med rullator på sin höjd så hon blev rätt chockad när Gilla reste sig upp och började gå utan hjälp. Sen pratade vi lite om habiliteringen och hon höll med om att Gilla får för lite gymnastik. Det hon behöver nu är styrketräning och balansträning. Hon sa att jag skulle stå på mig och får jag inte dem till att öka träningen så ska jag försöka byta till Kristianstads habilitering.

När vi var klara hos Maria letade vi upp Gulli som är arbetsterapeut. Hon blev så chockad när vi kom så hon sa inte mycket. Men hon tyckte det var jättekul att se att Gilla kommit så här långt. Gilla var ju hennes "lilla flicka" när vi låg på CSK.

Sen var det dags att träffa ortopeden. Det bestämdes att Gilla ska ta båda spiken. Jag trodde bara att de skulle ta den som håller på att krypa ut. Hon förklarade att skulle

Gilla bryta benet igen så kröks spiken och det blir ett hel-sike att få ut det. Därför plockar de alltid ut såna på barn.

Eftersom det nu blir operation så åkte vi upp till dagoperationen och hälsade på. Han som vi pratade med sa att det inte var någon fara att söva henne fast hon har skadorna i hjärnan och jag berättade för honom om Gillas allergiska reaktion mot blodplasma. Fast hon behöver tydligen inte få blod vid operationen. Vi fick ingen tid till operationen men den blir inom de närmaste månaderna.

Det blev en jobbig dag för Gilla. Det märktes för i slutet orkade hon inte lyssna utan slöt sig inom sig själv och tittade på allt annat som hon gör när hon inte orkar mer.

lister_91 F15 Från Sölvesborg hej camilla vad är det gilla ska göra nu för non operation???

Sön 15 okt 2006

I måndags när vi var på vattengympan sa jag till sjukgymnasten att det Gilla behöver nu är styrketräning, uthållighetsträning och balans och liknande. Som det lät på henne skulle vi sköta det hemma och i skolan. Vad är det då för mening att gå på habiliteringen??? Nästa gång de kommer hit på möte ska jag vara väl förberedd och ställa de krav jag har på vad de ska göra. Kan de inte hjälpa mig med det så byter jag habilitering.

I onsdags hade skolan EVK (elevvårdskonferens) om Gilla. Det gick väl rätt så bra. Det var bara en sak som sades som jag inte gillade något vidare men det gjorde jag nog klart för de andra vad jag tyckte om det. Annars berömde jag skolan för att de har ställt upp så bra och gjort allt för att Gilla ska kunna klara den så bra som möjligt.

Nu i veckan kom äntligen kommunen hit med trappräckena så nu kan Gilla gå upp och ner i trappan. När hon kom hem från skolan och upptäckte det så sprang hon upp och ner flera gånger. Syntes på henne att hela hon växte.

I helgen var vi på Back to the 50´s och åt. Den här gången kunde Gilla gå själv upp för trappan. Förra gången vi var där fick hon ta hissen och det var ändå inte längesen vi var där.

När vi kom tillbaks på kvällen fick Gilla ett ryck att hon skulle sova hos mormor. Det var klart att hon fick. Det var andra gången hon sov där sen olyckan och det gick bra.

Det märks att jag har problem med koncentration. Jag upptäcker att jag missar att skriva ut bokstäver hela tiden. Både när jag skriver här och på jobbet. Inte världens höjdare när det händer på jobbet. Undrar hur länge det dröjer innan det blir bättre. Tar nog ett bra tag.

Vilket skrik det blev precis här. Lizzy visade Gilla grodglaset som vi köpte till henne idag. ☺

Jullibull_94 F12 Från Sölvesborg KANON att ni har satt räcke i trappan ;P ! hihi, Det behövdes tycker jag ;) hehe ☺

Tors 19 okt 2006

Vi fick besked från Vägverket nu i veckan. De kommer att sätta upp varningsskyltar för korsande skolväg utanför vårt hus. Jag tror inte det hjälper mycket men hoppas kan man göra.

Nu äntligen verkar hab ha fattat att jag tänker kämpa eller så har Lund hört av sig till dem om vad Gilla behöver. Nu har de lagt till styrketräning. Sedan kommer hon förhoppningsvis att få mental och social träning med. Gilla har tappat den sociala förmågan och behöver träna upp den. Som det är nu kan hon säga elaka saker till sina kompisar men förstår inte att det är elakt. Det är inte lätt för kompisarna heller att förstå att hon inte menar vad hon säger utan de blir kanske ledsna. Hab ska förhoppningsvis ta sig an Lizzy med så hon får komma dit och pyssla och få uppmärksamhet utan att Gilla är med. Hon behöver också lite sådant.

Igår ringde polisen mig när jag var på jobbet. De hade Gillas cykel kvar och ville att jag skulle hämta den. Jag trodde att de hade slängt den så jag har inte haft en tanke på det. En timme efter att de ringt kom reaktionen. Jag började skaka och fick gå in till Yvonne och gömma mig för tårarna kom med.

När jag slutade jobbet körde jag direkt till Karlshamn för att hämta cykeln. Jag kunde ringt någon och bett dem följa med men jag kände att det här var något jag behövde göra själv. När jag skulle ta cykeln stod jag en bra stund och bara grät innan jag ens kunde ta i cykeln och lasta den på bilen. Det luktade bara trafikolycka om den. Trodde inte det kunde sitta en sån lukt på en sak. Ett under att jag kom hem utan att något hände för tårarna rann nästan hela vägen hem. När jag körde genom Mjällby fick jag en sådan konstig känsla och tänkte att jag inte ville ha cykeln hängandes därbak för jag ville inte att folk skulle se den.

Tyvärr tänkte jag mig inte för utan körde förbi olycksplatsen. Just precis då råkade jag slänga ett öga i backspegeln och fick syn på cykeln. Fick nästan stanna bilen och spy men jag lyckades ta mig hem. När jag svängde in på vägen här hemma hoppades jag att inte grannarna Benny och Ingrid skulle vara ute. Tyckte de skulle slippa att se cykeln för de hade oroat sig tillräckligt för Gilla. Väl hemma tittade jag lite närmare på cykeln. Den såg inte så farlig ut som jag hade trott. Bakhjulet var som ett s. Skärmarna var lite tilltufsade men inte så mycket. Reflexen bak hade snurrat 1/4 varv. Växlarna stod rätt ut. Den var knappt repig men full med grus. Sadeln var lite skavd på ena sidan.

Idag frågade jag ungarna om de ville titta på cykeln. Gilla ville inte just nu och Lizzy sa att hon aldrig ville se den. Det är helt upp till dem att bestämma själva hur de vill göra. Den står här om de skulle ångra sig så går vi bara ut där.

Den här veckan har Gilla bestämt sig för att klara sig utan rullstol i skolan. Hon har haft den med men inte använt den. Eftersom det har gått så bra så bestämde jag och Marie att nästa vecka skickar jag inte ens med den. Ett stort steg framåt för Gilla att slippa ta med den.

Just nu är Nicke och Gilla ute och går med alla hundarna. Såg inte vidare bra ut när de gick. Bella höll på att dra omkull Gilla hela tiden. ☺ Det blev bara en kort runda nu första gången och Gilla lyckades hålla sig på benen. :P

mammarulle F34 Från Helsingborg usch ..ryser när jag läser...kram

Fre 27 okt 2006

I måndags på gympan i skolan klarade Gilla av att gå balansgång både framlänges och baklänges på en upp- och nedvänd bänk. Det är mer än vad jag klarar och ändå var hon inte nöjd. Sen skulle hon "hjula" över bänken. Hon skulle sätta båda händerna på bänken och sen hoppa över. Det lyckades hon inte med. Då blev hon jätteledsen och tyckte att gympaläraren tvingade henne. Han hade bara sagt att hon måste prova och det ska hon ju göra med för att se om hon klarar det eller inte. Fast jag förstår hur hon känner när det är sådant som hon har klarat innan och nu helt plötsligt inte fixar det.

När jag sen hämtade henne på skolan var hon så trött så hon orkade inte med vattengympan. Det slutade med att vi struntade i att köra dit. Tyckte inte det var läge för att köra dit när hon redan var så trött.

Igår var hon på styrketräning för första gången. Det märks att hon har tappat jättemycket i styrka. Innan kunde hon lätt ta 25-30 kg i armpress. Nu klarade hon knappt 15 kg. 2 kg vikterna orkade hon knappt lyfta med högran. Sen övade hon benen rätt mycket med. Tillslut fick hon boxas lite men då var hon så trött så hon nästan grät. Gilla fick även prova på att hoppa på studsmattan lite. Hennes min var helt underbar. Det riktigt lyste om henne av lycka för att hon fick hoppa. Fast sedan blev hon lite rädd när Jenny också började hoppa lite. Då ville hon inte mer.

Idag var vi och tog vaccinationssprutorna. Lizzy klarade sin jättebra. Gilla hade kläckt ur sig: Aj, vad ont det inte gjorde (eller något liknande) Jag var inte med henne inne så jag hörde inte det själv. Sen när det var sjåpiga jag så blev det lite värre. Jag åkte ju på att ta tre sprutor. Ungarna behövde bara ta en. Trodde nästan jag skulle tuppa av men det ville jag ju inte visa. På kvällen skulle vi dricka magmedicinen som vi också fick. Lizzy klapp sitt i ett svep. Sedan var det mesarna jag och Gilla kvar. Fast Gilla var bättre än jag på att dricka det ändå. Trodde nästan jag skulle få upp allt igen... ☹ Men nu är det gjort. Bara en vecka tills nästa omgång. Urrrkkk... Fast vad gör man inte för att komma till Egypten??!!

simball F77 Från Bromölla Hej jag är Saras farmor har inte haft internet så länge men följt en del genom Sara och läst hos någonav tösernas .Ni måste ha gått igenom en svår tid jag beundrar er men även Gilla som är en riktig kämpe .Nu önskar jag er all lycka och en trevlig resa till Egypten .Hälsning från Ingrid

Sön 5 nov 2006

Så har ännu en vecka gått. Den här veckan har jag varit tvungen att vara hemma för vård av barn eftersom skolan har haft lov. Vill inte lägga det ansvaret på Lizzy om något skulle hända.

Malin och Jennie från habiliteringen var här på möte. Jag hade fått i uppdrag att skriva ner allt jag tänkte på och undrade över om Gilla. Fick bara ihop fyra saker. Hennes framtida utveckling, hennes humör, högersidan och hennes syster. När vi hade pratat igenom allt var hela pappret fullt. Det var ett mycket bra möte för nu vet de var jag står och vad jag vill och nu verkar det hända lite mer saker. Gilla ska få en ung tjej som kontaktperson och som hon kommer att vara med lite då och då. (Vem det blir vet vi inte än.) När hon är det har jag möjlighet att ägna extra tid bara åt Lizzy för hon behöver det. Hon är helt annorlunda än före olyckan. Mer tillbakadragen och aggressiv. Ett tecken på att hon behöver hjälp och stöd hon med.

På styrketräningen orkade Gilla mer än förra gången. Den här gången blev hon iaf inte helt slutkörd. Nu kom vi ihåg att lämna tillbaks kryckorna med. De använde hon ju aldrig så de har bara legat och tagit plats.

I lördags skulle Gilla och Julia S på Halloweendisco. Gilla var väldigt uppspelt över det här för det var första gången hon skulle gå ut så sen olyckan. Vi körde dit dem och jag gick in och pratade med arrangörerna och lämnade mitt telefonnummer om något skulle hända. Vi reagerade lite på att det inte var något folk där. En timme efter kom de hem. Då hade det bara varit fyra personer på discot. Gissa om Gilla var besviken och nere. Jag frågade om hon ville åka iväg och titta på skräckfilm. Lizzy var redan där. Hon visste inte men jag såg på henne att det var något. När jag frågade om vi skulle ringa dit och fråga om det fanns plats för henne att sova över där, lyste hon upp och ville att jag skulle ringa. Sen var det bara att köra dit henne med.

Det hade gått bra när Gilla och Lizzy sov över hos plastkusinerna. Som vanligt när de hänger ihop så blir det inte mycket sovande. Eftersom Gillas väska inte hoppade upp framför näsan på henne när hon letade efter den när hon skulle byta om så hittade hon inte den. Det slutade med att hon sov i jeansen. *Usch* Ingen höjdare alls.

Idag hade MTCC möte på Back to the 50´s. Eftersom deras hamburgare är rätt lockande så hängde vi med. Blev väldigt impad av Gilla för hon lyckades gå ner för trappan där borta utan att hålla i sig. ☺

Kom på en sak som jag har glömt att skriva. För ett tag sedan var vi på bio. Där visade de en trailer från en annan film. En kille kom cyklandes och blev påkörd av en bil. Först reagerade jag inte men sedan blev jag alldeles kallsvettig och tänkte att så där såg det nog ut när Gilla blev påkörd. Sedan såg jag scenen framför mig flera gånger fast då var det Gilla som satt på cykeln istället för skådespelaren.

Nu i veckan kom där ett stort paket från grossisten som har hand om cykelhjälmarna som Gilla hade på sig i olyckan. När jag öppnade paketet låg där fyra cykelhjälmar och fyra par cykelhandskar i. Eftersom Lizzy var nöjd med sin hjälm (av samma sort) så blev där en hjälm till Gilla, en till mig och en till Nicke. Den fjärde och sista var en barnhjälm så den tänkte jag att ungarnas kusin ska få. Nu är det bara cykeln som fattas till Gilla sen är det cykelträning som gäller. ☺

ErikaGradin_ F16 Från Nymölla Jag tycker det är kul att läsa om allt du skriver här, för det är så roligt att se hur det går för gilla och resten av er familj, Älskar Er, mina plast kusiner och Camilla och morbror Nicke, Puss på Er <3

Mån 13 nov 2006

Förra veckan var jobbig för Gilla. Hon är slutkörd nu och hon orkar inte någonting. Det bästa hade varit om hon bara hade gått halva dagar i skolan men det vägrar hon ju.

Måndagens vattengympa gick inget vidare. Den avslutades tidigare än den skulle på grund av att Gilla inte orkade mer.

På tisdagen hade Gilla gympa i skolan. Där orkade hon inte vara med men hon hade ändå stått på huvudet där. Blev lite problem när hon skulle ta sig ner för hon var rädd att slå i benen men det löste sig med att hennes kompisar tog tag i benen och hjälpte henne ner.

Tisdag eftermiddag hade Gilla styrketräning. Det blev ett halvdant pass eftersom hon inte orkade något.

Morgnarna får jag nästan bära henne ner så trött är hon. Benen bär inte henne. Jag får till och med hjälpa henne att resa sig upp i sängen och sen hjälpa henne att ställa sig.

I helgen åkte vi till Helsingborg för att växla pengar inför Egyptenresan. När vi ändå var där passade vi på att gå till Ebbas fik. Ytterligare ett ställe som jag rekommenderar om man gillar 50-tals stuk. Visserligen är det väldigt dyrt där men i förhållande till kakornas storlek så får man mycket för pengarna. En vanlig vaniljdröm eller schackruta är lika stor som en assiett (liten tallrik). När Gilla höll kakan framför sig täckte det hela hennes ansikte. ☺ På hemvägen körde vi inom Hyllinge och handlade. Då var Gilla så trött så jag funderade på att sätta henne i kundvagnen men det vägrade hon. Kan förstå att hon inte ville sitta där men vad gör man...

Nu har resfebern satt igång. Märks lite på Gilla med för hon är lite väl sprallig. ☺ Jag springer mest runt och mår illa. Är ju första gången vi flyger så det återstår att se hur det går. ☺

bitte F48 Från Bromölla Hej! Har suttit och läst en del av din blogg. Jag vet precis vad du gått igenom, jag gick nämligen igenom exakt samma sak för 15 år sen då min äldste son, då 12 år, blev påkörd. Han låg 5 veckor nere i Lund och svävade mellan liv och död, hade mindre än 5 % chans att överleva.. Han hade oxå en hel del småblödningar i hjärnan, benbrott (krossat ben som tyvärr fick amputeras). Idag är Joachim 27 år, pigg och alert, ingen som kände honom innan märker att han hade så svåra hjärnskador, det folk märker är att han har protes. Får önska er en trevlig resa. Hör gärna av dig om du känner för det. Kram Bitte

Ons 29 nov 2006

Det märks verkligen att Gilla är i en "downperiod" nu. Skolan funkar knappt. Hon orkar inte med någonting och hon är ständigt trött.

Måndagens vattengympa blev inställd på grund av sjukdom.

I tisdags var Gilla på styrketräning igen. Nu höjde Jenny ribban lite och ökade på vikterna. Det slutade med att Gilla var så frustrerad över att hon inte orkade så mycket att hon började gråta. Det var bra på sätt och vis för nu fick Jenny se hur mycket Gilla orkar och hur hon reagerar och även få en liten inblick i hur jag har det med Gilla.

Lizzy var på sitt första besök på habiliteringen i tisdags. De har en liten syskongrej för dem som har syskon som på något sätt är handikappade eller liknande. Malin hade hand om Lizzy och de bakade kladdkaka. Det blev verkligen kladdkaka för Malin plockade ut den ur ugnen fem minuter för tidigt. Men den var lika god ändå. ☺ Kuratorn Åsa gjorde också ett besök därinne och passade på att smaka. När jag sen frågade Lizzy hur det hade varit tyckte hon det var kul och det var ju skönt.

Igår hade vi utbildning i hjärt- lungräddning på jobbet. När vi fick en bok som vi skulle slå upp en sida i tittade Annika väldigt konstigt på mig. Jag kunde inte fatta varför förrän jag slog upp sidan. Det var en bild på ett barn som hade blivit påkörd när den cyklade. Det slutade med att jag rusade ut för jag fixade inte att se bilden. Annika kom farandes efter mig och lugnade ner mig. Tur man har såna arbetskamrater. Thomas hade också sett bilden före mig men hann inte varna mig.

Idag var Gillas klass i badhuset och badade. Jag pratade med Marie, Gillas extralärare, igår för hon var lite orolig för hur Gilla skulle fixa det. Jag lugnade henne med att det skulle inte bli några problem. De skulle bara hålla lite koll på om hon började simma hundsim. Det gör hon alltid när hon blir trött och inte orkar med. Då skulle de se till att hon kom in på grunt vatten. Det hade i alla fall gått jättebra på badet.

Just nu är jag inne i en period när jag har ständig huvudvärk. Hjälper inte hur många värktabletter jag stoppar i mig. Huvudvärken försvinner inte. Jag tror att det beror på att jag är orolig inför Gillas operation på fredag. Det blir en rejäl pärs att se henne bli sövd igen. Allt från olyckan när hon låg medvetslös lär komma tillbaks.

moped_100 F13 Från Fjälkinge Jag fick en tår av att läsa det du skrev..Tycker det är så hemskt att läsa det..Hoppas hon mår bra och du får ta och krya på dej...Pussar hälsa alla<33

simball F77 Från Bromölla Hej jag förstår vad du går igenom ja hela familjen har naturligtvis det jobbigt .Jag känner med er jag har varit med om det även om det inte var en trafikolycka .Min tös fick hjärtstopp i fjol hon var ju äldre 43 år det varade i 50 min det var ingen som troddde hon skulle klara det nu är hon frisk Så .nu ska vi tro att Gilla blir frisk jag har en tro på att Gud gör under Jag ska be för henne att operationen gär bra Hälsningar Ingrid

Tis 5 dec 2006

Puh vilken helg det har varit.

I fredags skulle Gilla operera ut spikarna i benet. Vi skulle vara på sjukhuset redan kl. 7 på morgonen.

Det var tur att vi fått dispens för att vara två när Gilla skulle sövas. Det var som att se henne medvetslös igen och det gick som jag trodde. Jag fixade inte det. Fick vända mig bort för att Gilla inte skulle se hur tårarna rann på mig, innan hon somnade.

Operationen skulle ta ca 45 min. Efter en timme och 20 minuter var jag rätt hispig. Vi skulle precis ringa upp till dagoperationen när de ringde och sa att hon var tillbaks.

När vi kom upp till uppvaket grät Gilla som bara den av smärta. De fick ge henne tre omgångar morfin innan det släppte.

Gilla hade lite problem med uppvaket. Tog rätt lång tid innan hon var riktigt vaken och då var hon jätteillamående och yr. Vi kom från sjukhuset när klockan var över tre på eftermiddagen. De hade räknat med att hon skulle va redo för hemfärd vid 12-13-tiden.

Bilresan hem var ingen höjdare. Hon var lika vit i ansiktet och läpparna som bakgrunden här på pappret. Jag satt i baksätet med henne om hon skulle behöva kräkas.

Kollade andningen hela tiden och var glad att jag precis hade gått hjärt-lungräddningsutbildningen. Fast jag svor lite över att vi bara hade fått lära hos hur man gjorde med vuxna.

Lördagmorgonen skrämde Gilla skiten ur mig. Hon var jätteyr och illamående när hon steg upp ur sängen. Hon lyckades precis ta sig ner för trappan och fram till soffan innan hon svimmade. Som tur var så stod jag precis bredvid och fångade upp henne. Tog lite tid innan jag fick liv i henne men tillslut gick det. Ringde akuten och de tyckte att det var bäst att vi tog ambulansen in om hon behövde syrgas. Var bara att ringa sos-alarm och få hit ambulansen.

Sedan upp i världens fart och prata med Lizzy så inte hon blev hysterisk av att ambulansen kom.

När vi kom in på akuten vällde allt om olyckan över Gilla så hon började storgråta. Det var första gången allt kom så och det var bara bra för det behöver komma ut.

De tog prover på blodvärdet och om hon hade infektion i kroppen men allt var bra så det var bara att åka hem igen. Antagligen var allt efterdyningar av narkosen och kanske en viss del blödningarna hon hade i hjärnan.

På kvällen var Gilla sitt gamla vanliga jag igen.

På måndagen var vi hos ögonläkaren. Där fick Gilla göra lite tester. Ett var att hon skulle peka på en prick på en skärm. Sköterskan pekade på pricken på en skärm och Gilla skulle peka på samma prick på en annan skärm. Gick inte vidare bra. Pricken som var i mitten hamnade långt ut till vänster för Gilla. Tog ett tag innan sköterskan fattade att det var så Gilla såg det. Det beslutades att vi ska tillbaka om en månad och då ska de se om ögat är stabilt. Är det det så blir det operation antagligen i Lund. De ska operera bort skelningen och sen vet jag inte om de ska lyfta upp ögonlocket med lite. Det hänger ju fortfarande. Synen har hon men den kommer aldrig att bli bra eftersom pupillen inte fungerar som den ska, så det blir glasögon för henne sedan.

Efter ögonläkaren var vi på röntgen. De skulle röntga Gillas fot som hon har lite ont i emellanåt. Det skulle gjorts redan i fredags men eftersom hon var dålig av narkosen så väntade de. Efter det gick vi till ortopeden. Där fick vi besked att hon inte hade skelettskador och att de inte kunde förklara hennes smärta. Det är bara att avvakta och se.

På sjukhuset sprang vi på en kompis till mig som jobbar där. Hon har inte träffat Gilla sedan vi åkte därifrån. Det blev världens kramkalas och hon nästan grät när Gilla reste sig upp ur rullstolen. Gilla stod som ett fån för hon kom inte ihåg Marie-Louise alls. Men minnet är ju inte som det ska.

När vi ändå var på sjukhuset passade vi på att gå upp på avdelningen och hälsa på. Det var inte många där som vi kände igen. Mest nya ansikten. Fast lärarna där blev jätteglada när vi kom och hälsade på.

På kvällen kom Gunilla med kryckor som Gilla skulle låna. Hon ville ha dem som lite stöd. Sen åkte de på bio med klassen.

Idag fick jag åka och hämta Gilla på skolan. Antagligen har hon åkt på samma magsjuka som Lizzy fick åka hem från skolan för igår. Får se hur långvarigt det blir.

SavannPrinsessan F27 Från Sölvesborg Hej Camilla.. Hoppas Gilla blir bra snart. Usch vad jobbigt ni verkar ha det.. Kram till er alla.. //Maria

Lör 9 dec 2006

Fy vilken tuff vecka det har varit.

I måndags när vi var hos ortopeden berättade hon att när hon hade hört talas om Gilla första gången undrade hon vad det var för ett kolli hon skulle träffa på. I tisdags när läkaren från habiliteringen ringde sa han att vi eventuellt skulle ner till Lund på utvärdering för de visste inte riktigt hur de ska gå vidare med Gilla för att hon ska få bästa möjliga habilitering.

Det blev en väldigt sömnlös natt för då låg jag och funderade på att Gilla har större skador än jag har inbillat mig att hon har. Det var inga höjdartankar kan jag lova.

Just nu är det lite turbulent här hemma. Gilla har jättesvårt att förstå saker och det fattar inte Lizzy riktigt så hon blir sur och arg när Gilla inte fattar och sen gör hon nästan lite narr av Gilla när hon väl förstår. Är inte lätt att få Lizzy att förstå hur Gilla funkar eller så fattar hon men vill inte inse det.

I onsdags var jag på EVK (elevvårdskonferens) om Gilla. Vi kom fram till att hon ska sluta tidigare om dagarna eftersom hon är så trött nu för tiden. Jag hade ställt mig in på världens fight med Gilla när jag skulle berätta det men när jag kom hem och pratade med henne var det inga problem. Hon har nog själv insett att hon inte orkar med hela dagar. När vi satt och pratade igenom det jag och Gilla, så kom vi fram till att hon ska sluta tidigare på tisdagar när hon ska till styrketräningen. Sen ska hon ringa hem de andra dagarna som hon känner att hon behöver åka hem och då kör jag och hämtar henne.

Skolsköterskan Agneta ville gärna se fotoalbumet som jag har satt ihop om olyckan. Hon ville att Gilla själv skulle visa och berätta så kunde hon samtidigt se lite hur Gilla reagerade. När jag tog upp det med Gilla så körde hon med allt möjligt för att slippa det, men jag ska nog lyckas få henne att gå upp dit med det. ☺

Tyvärr blev det ingen styrketräning för Gilla eller pyssel för Lizzy den här veckan eftersom båda låg sjuka. Var lite synd eftersom Lizzy bara har varit en gång på habiliteringen. Men vi gör ett nytt försök nästa vecka.

Ons 13 dec 2006

I måndags hade Gillas klass Nobelfest. Det gick jättebra. Hon var uppe och dansade med. Sen var hon helt överlycklig för att hon helt hade kunnat böja benet med ståltråd i. Det är första gången sen olyckan. Gilla fick Nobelpriset i Fysiologi. Motiveringen löd: För din enorma kämparglöd. Gissa om hon var mallig för priset. ☺

Nu märker nog Gilla själv att hon inte riktigt orkar med skolan för i tisdags ringde hon kl. 1 och ville hem från skolan. Det var bara att köra och hämta henne.

På kvällen var det dags att åka till habiliteringen igen. När vi kom dit började Gilla med uppvärmning inför styrketräningen. Sen märkte antagligen sjukgymnasten Jenny att hon inte orkade mer så de spelade ishockeyspel istället. ☺ Jag gick ut och satte mig i väntrummet undertiden så kunde de prata ifred. Jag tror det är lättare för Gilla att prata när inte jag hör på.

Sedan gick vi in till Lizzy som satt med arbetsterapeuten Malin och kuratorn Åsa. De satt och gjorde pärlsmycken och julkort. Lizzy hade gjort jättefina örhängen. Gilla satte igång att göra ett julkort till habiliteringen.

Nu är det uppehåll därifrån under julen sen drar det igång i mitten av januari igen. Vi bestämde att vi väntar lite med vattengympan. Det Gilla behöver mest just nu är styrketräning och övning av finmotoriken. Så när det kör igång igen blir det gympa blandat med tv-spel och lite annat kul. Gilla var överlycklig när hon hörde det och sa att hon stormtrivdes på habiliteringen nu. Jag känner med att det börjar bli mycket bättre där nu. och att Gilla blir mycket mer hjälpt än hon blev i början.

Vi pratade även om utvärderingen som ska göras. Jag vill helst att den görs i Lund. Dels har de specialistkompetensen där men mest är det för att det var de som gjorde de förra testerna och då ser de mycket bättre hur hon har förändrats sedan då. De har ju lite mer att jämföra med än Karlshamn har eftersom Karlshamn kom in i ett senare skede.

Idag var vi iväg och köpte ett playstation. Det var mest för att där finns spel där man måste röra på båda armarna och vifta och ha sig när man spelar det. Det är ju jättebra övning för Gilla så hon kommer igång riktigt med högerarmen. Just nu står hon och spelar för fullt. ☺

Barfotakvinnan F51 Från Köpingebro HÄRLIGT ATT LÄSA ALLA FRAMSTEG SOM GILLA HAR GJORT.

Mån 8 jan 2007

Oj att det redan har blivit 100 dagbokssidor. Trodde jag inte när jag började.

Nu märks det mer att Gilla har svårt att förstå enklare anvisningar. En dag när hon spelade Playstation sa jag till henne att hon skulle prova att klicka på pelaren uppe i högra hörnet. Det förstod hon inte alls. En annan dag sa jag till henne att fjärrkontrollen var i stället på skåpet. Hon fattade inte alls vad jag menade. Såna enkla saker och att hon inte förstår det ändå. Hon har tydligen större hjärnskador än jag fattat/velat inse. Tyvärr.

Julhelgen har varit rätt jobbig för jag har haft tid att tänka mer och så märktes det mer av Gillas skador. När jag jobbar och är på habiliteringen med ungarna så går allt i en himla fart så jag hinner inte stanna upp och tänka men tyvärr kom allt ikapp nu. Jag har fått ännu mer svårt att sova och nu har jag tappat matlusten med. Jag har jättesvårt att få ner mat och jag äter mest för att jag måste.

Gillas nästa stora mål är att hon ska kunna gå i högklackat. Med den viljan hon har så tror jag nog att hon klarar det. När hon har provat så har det ju gått väldigt vingligt eftersom hon fortfarande har svårt med balansen men med lite övning så går det. ☺

Nyårsafton märktes att det var jobbigt för Gilla med allt liv. Hon satte sig i en hörna för sig själv, där det var så lugnt som möjligt och spelade kort. Sen efter 12-slaget fick hon nog någon slags överansträngning av hjärnan för hon fick helt frispel och sprang runt och dummade sig. Fast hon höll sig fortfarande för sig själv.

I helgen var jag ute och tog några öl för första gången sen olyckan. Kände att jag inte alls var redo för det och ville mest hem, men jag bet ihop och tänkte att jag måste komma över den känslan och bli en normal människa igen.

jesse_ F34 Från Sölvesborg Ja, det är nödvändigt att få ett funktionellt leverne igen

milliz79 F27 Från Hofors Det tar tid att hitta tillbaka till sig själv efter en kris! Att gå från instinkten att vara beskyddande mamma i krissituation till att hitta sin egen identitet igen, där man är mamma men också en egen individ. Det tar sin tid! Själv har jag inte riktigt lyckats än, min son dog 2002 och sen min dotter föddes för ganska precis ett år sen och blev hastigt sjuk, sen beskedet om hennes hjärnskada. Du verkar vara en helt otrolig människa och mamma!

Jullibull_94 F12 Från Sölvesborg Roligt att du skriver blogg igen Ha det bra , kram

Music_Mandan F11 Från Sölvesborg Hoppas Gilla kan gå i högklackat..hihi ! Ha det bäst, kramiis *!

Tors 11 jan 2007

Glömde ju berätta en sak i förra bloggen. Det märks nu att Gilla märker av att hon inte är som andra. Helt plötsligt har hon blivit lite klädtokig och köper kläder som hon aldrig i livet skulle tagit på sig innan olyckan. Hon köper t.o.m. rosa kläder. Allt bara för att vara så lik de andra i klassen som möjligt.

Jag kollar in Gilla rätt mycket för att se förändringar och nu har min mamma med börjat med det. Vi har samma uppfattning att emellanåt faller Gilla tillbaks i barnstadiet och blir väldigt barnslig. Sån var hon aldrig före olyckan.

Pratade med en av vaktmästarna på jobbet om epilepsianfall. Hans dotter "försvinner" ibland fast bara för någon sekund. Det är knappt de märker det. Hon fick epilepsi efter en hjärnhinneinflammation. Nu kollar jag Gilla med för läkarna sa att det finns risk för att hon får epilepsi. Har mina funderingar för emellanåt "försvinner" hon i sin lilla värld och man får knappt kontakt med henne. Måste komma ihåg att ta upp det med habiliteringen nästa gång vi är där.

Igår var Gilla hos ögonläkaren. De gjorde en del tester och mätte synfältet. Det var helt ok och tur var det för det är inget de kan göra något åt om det skulle bli skadat. Vad som händer nu är att hon ska tillbaks till en ortoptist för ännu fler mätningar sedan blir det antagligen Lund för operation. Det de gör då är att operera så att hon inte skelar. Hon kommer att ha problem med att titta upp och ner men det är inte hela världen. Hon kan titta åt sidorna nästan fullt ut. När ögat är rakt fram är ögonlocket nästan i den höjd den ska vara. När hon skelar skiljer det på ca 1 mm mellan ögonlocken. Pupillerna skiljer också på ca 1 mm i normalt ljus. När det är ljusare skiljer det naturligtvis mer eftersom den inte krymper och vidgar sig som den ska. Men man får se det ljust. Allt kunde varit mycket värre...

Tors 25 jan 2007

Nu har vi kört igång med habiliteringen igen. Förra veckan satt Lizzy och målade och pysslade ihop med Malin. Gilla spöade skiten ur Jennie i TV-spel. De spelade Eye-toy 3. Det är ett spel där man ser sig själv i TV:n och så ska man vifta med armar och ben och springa och hoppa. Jättebra träning för Gilla. Fast nu har hon ju tränat hela julen på det eftersom vi har det hemma. ☺ Jennie är en lika dålig förlorare som jag. Hon såg inte för glad ut när Gilla vann.

Den här veckan var Lizzy ute och gick med Jennie. Gilla satt och övade finmotorik med Malin. Hon fick sätta små pinnar i hål samtidigt som Malin tog tiden. Sen hade hon ett papper med bilder på olika saker. Dessa skulle hon plocka upp ur en påse utan att titta. Hon skulle bara känna på dem. Efter det fick hon känna på saker i en annan påse och berätta vad det var för något. Sen spelade de lite memory. Malin är tydligen en lika dålig förlorare som jag och Jennie för hon var inte vidare glad när Gilla vann. ☺

Pratade med försäkringsbolaget idag. Är alltid lika tufft att höra när de berättar om ersättningar Gilla kan få om hon inte klarar av ett riktigt jobb. Sådant vill jag bara inte höra. Jag vill att hon ska vara lika normal som alla andra och klara vanliga jobb. Fast allt kan hända. Det är många år kvar innan det blir aktuellt med jobb. Nu ska hon först och främst klara skolan.

Den här veckan har Gilla varit hemma från skolan för hon har varit förkyld och haft hosta. Hon har knappt sovit om nätterna och då är det lönlöst att skicka henne till skolan. Det fördärvar bara mer. Hon har fått vara hemma och vila upp sig ordentligt.

Mån 5 feb 2007

För ett tag sen var Gilla och klippte sig för första gången efter olyckan. Nu hade ju håret vuxit ut rätt mycket från att ha varit helt avrakat. Hon var rätt nervös att frisören skulle klippa för mycket men det gick bra.

Förra veckan var det en kille i Bromölla som blev påkörd när han körde mopet. Killen dog tyvärr. Det var väldigt mycket prat på jobbet om det. När jag körde hem den dagen var jag väldigt skakig. Allt om Gillas olycka bara vällde över mig. Fast jag var glad ändå att allt gick så pass bra som det gjorde ändå med henne. Det kunde ju varit värre.

I torsdags var vi på habiliteringen. Då fick Gilla baka scones och sen spelade de lite spel. Strax innan vi skulle köra plockade jag upp min kalender för att boka nya habiliteringstider. Då fick jag höra att de skulle göra ett uppehåll med Gilla för att de kom inte längre just nu. Lizzy skulle inte gå där alls något mer för henne kom de ingenstans alls med. Det är ju inte konstigt. Det tar ju tid innan hon lär känna dem och vågar öppna sig. Jag kan inte förstå att Gilla inte ska gå där på ett tag nu. Hon behöver ju fortfarande hjälp med att bygga upp musklerna och lära sig förflytta sig ordentligt. Hon kan ju fortfarande inte springa. Det går bra om hon springer "på plats" men inte om hon ska röra sig framåt samtidigt. Sen behöver hon ju med lära sig att röra sig åt sidorna samtidigt som hon springer. Jag ringde faktiskt upp habiliteringen i Lund för att få ett andra utlåtande om det. De kunde hålla med om ett kort uppehåll men sen att hon tränade intensivt ett tag.

Jag har ringt habiliteringen i Karlshamn om det nu. Var bara en telefonsvarare men jag pratade in på den så får vi se vad som händer.

Jag tänkte börja hårdträna härhemma nu och lära Gilla att gå i högklackat. Då övar hon även upp balansen med. Vi har köpt hantlar med så hon kan träna armarna lite mer också.

Idag var Gilla jätteledsen och började gråta för hon hade alldeles för mycket läxor för att hon skulle orka med det. Jag sållade ut lite av det viktigaste så får vi öva lite lätt på det andra sen.

I fredags var Gilla jätteledsen och grät på skolan. Långt om länge fick jag ur henne vad det var. Då kröp det fram att hon var ledsen för att hon inte kunde springa som de andra i klassen hon kände sig utanför. Jag tror att det är mer än bara det. Jag tror hon känner sig utanför klassen överhuvudtaget. I början när hon kom tillbaks fick hon jättemycket uppmärksamhet och det har svalnat av nu för de tycker att hon börjar bli sitt gamla vanliga jag. Det känns nog jättekonstigt för Gilla som har varit van vid den här uppmärksamheten. Men allt måste ju gå tillbaks till det vanliga. Hon kan ju inte alltid stå i centrum. Sen kan det vara att en del kompisar inte riktigt vågar ringa till Gilla och fråga om de ska hitta på något för de vet inte riktigt vad de ska göra när de är med henne. Hon kan ju inte spela fotboll och sådant. Fast annars kan hon göra en hel del... Spela spel, spela TV-spel, bara sitta och prata och sådant eller helt enkelt gå på disco... Hoppas det löser sig och att hon blir lite gladare.

milliz79 F27 Från Hofors Visst är det otroligt jobbigt när det händer saker sådär som får en att minnas allt det otäcka som har hänt!? Jag har fortfarande jättesvårt att se ambulanser med blåljus på efter det som hände med min dotter. Helikoptrar tycker jag också är otroligt jobbigt, trots att det har gått ganska precis ett år sen allt hände.

Tors 15 feb 2007

Nu har jag varit i kontakt med habiliteringen i Kristianstad eftersom vi vill byta till dem istället. Igår ringde habiliteringen i Karlshamn upp mig och ville prata om saken. Jag ska även dit på ett möte om någon vecka. Känns nästan som om man måste be om ursäkt för att man vill byta habilitering. Men jag gör det för att jag tror att Gilla får bättre vård i Kristianstad. Känns som om de har mer kompetens och erfarenhet vad gäller hennes skador eftersom de har mer samarbete med Lund. Men som det verkar på Karlshamn så godkänner de det inte. Känns för jäkligt att Gillas vård ska bli lidande bara för det.

I fredags var Gilla på disco. När det var någon timme kvar ringde Julia och sa att Gilla inte mådde riktigt bra. När vi kom och hämtade henne sa hon att det berodde på godiset. Jag tror att det var den höga ljudvolymen och som Marie sa, även lamporna. Tror det blev lite för mycket för Gillas hjärna. Men huvudsaken är att hon fick komma ut ett tag och känna sig som de andra ungarna. Hon hade i alla fall kul den tiden hon var där.

I lördags var Jennifer här och tränade på gymet ihop med Lizzy. Jennifer skojade med Gilla och sa att hon var svag. Då fick hon till svar: Det är inte mitt fel utan kärringens. Har aldrig hört Lizzy och Jennifer bli så tysta någon gång. Det var nog första gången jag hörde Gilla säga något om olyckan. Annars vill hon ju inte prata om den.

Natten mellan lördag och söndag sov Jennifer och Julia över här. Kändes skönt för då fick ungarna komma ifrån vardagen lite och vara som andra ungar. Det kan de verkligen behöva.

Just nu är Gilla sjuk igen. Verkar som om hennes immunförsvar är väldigt nedsatt för hon blir sjuk för minsta lilla. Ger henne extra vitaminer och mineraler för att hon ska bygga upp det igen.

Ons 21 feb 2007

I fredags var det dags igen för ett besök hos ögonläkaren. Det visade sig att Gilla hade ögoninfektion när vi var där men de kunde göra testerna ändå. Nu återstår bara att se om det blir operation eller inte. Det roliga var att innan vi gick in på sjukhuset så var båda hennes ögon rakt fram. Hon skelade inte ett dugg men det kom sen igen.

Vi var lite tidiga så vi passade på att hälsa på sjukgymnasten Maria. Jag berättade lite hur det var på habiliteringen i Karlshamn och hon sa att det var helt oacceptabelt. Så ska det inte vara. Känns skönt att höra någon säga så för då vet jag att jag inte överreagerar.

Gilla fick för sig att hon ville ha ett par klackskor som vårskor. Hon hittade ett par som var jättesnygga men jag var väldigt tveksam eftersom hon fortfarande är lite vinglig. Hon fick bevisa först i affären att hon klarade av att gå i dem. Det visade sig att hon gick bättre i högklackat än i vanliga för då måste hon koncentrera sig mer när hon går. I måndags gick hon på stan i dem. Inte illa med tanke på kullerstenarna...

I söndags var allihopa iväg på möte med jänkebilsklubben. Jag passade på att bara ta det lugnt och vila mig. Tyvärr råkade jag komma åt Gillas klippalbum med alla foton som tagits under den här tiden och de bloggsidor som jag skrivit ut. Nu lyckades jag äntligen läsa vad jag skrivit men det var inte lätt. Allt bara kom över mig och det var som världens mardröm. Samtidigt är jag glad att jag läste det för då ser jag lite mer hur bra Gilla har blivit. Men det var skönt att jag var hemma själv när jag läste det. Alla tidningsutklipp fanns med däri. Vilken pärs det var att läsa dem med.

Igår var Gilla på fest hos sin klasskompis Filippa. Hon åkte hem lite tidigare än festen slutade men jag tror att det var rätt lagom för henne. Hon var lite medtagen men inte helt slut.

Ons 28 feb 2007

Fy vad jobbigt det är att se Gilla om morgnarna. Hon kommer fortfarande inte upp själv ur sängen utan jag får dra upp henne sedan får jag hålla i henne så hon kan ta kläder och ta sig till trappräcket och vidare ner för trappan.

Igår var vi på möte på habiliteringen i Karlshamn. De gick med på att betala kostnaden för habilitering i Kristianstad. Kändes jätteskönt att det äntligen ordnade sig. Jag tror att det blir mycket bättre för Gilla. Idag ringde habiliteringen i Kristianstad och jag gav dem klartecken. Nu återstår bara att se när vi kommer igång där.

Vi var på EVK (elevvårdskonferens) på Gillas skola. Vi gick igenom rätt mycket och de berättade att hon har stora problem att klara skolarbetet. Det kändes inte alls bra att höra det. Vi pratade en hel del om vad som kan göras för att hjälpa Gilla att klara skolarbetet bättre. Det visade sig att så fort Gilla har lov glömmer hon allt som hon lärt sig före lovet och hon får nästan börja om från början igen. Nu ska vi försöka få en laptop till henne för det hjälper henne jättemycket i skolarbetet. Det tar så mycket ork av henne att skriva förhand. Hon blir jättetrött både i armen och huvudet av det. Då är det bättre att hon skriver på datorn och orkar tänka lite mer på skolarbetet istället.

Nu har jag kunnat börja ha "min och Lizzys tid". Jag lovade henne att så fort det bara fanns möjlighet skulle bara hon och jag ha tid för oss själva. Vi började första passet på gymet idag. Känns rejält i armar och ben nu. Puh... Men jag tror att det är bra för Lizzy att bara hon och jag hittar på något ihop.

jesse_ F35 Från Sölvesborg Ja, det är jättebra! Och tur att du har Nicke nu så att du kan ta den tiden med henne

Tors 8 mar 2007

Sportlovet var en riktigt toppenvecka med mycket snö och träning för Gilla. Vi blev rejält insnöade och när de väl plogade blev det en hög backe som ungarna åkte pulka i. Det var jätteskönt att se Gilla klättra upp och åka pulka ner. Hon kände sig helt normal då och hade jättekul ihop med Lizzy. ☺

Nu har vi hört av habiliteringen i Lund. Vi ska ner dit v. 16-17. Jag trodde bara vi skulle vara där tre dagar men det blev två veckor istället. De ska göra en massa tester för att se var Gilla är nu och hon ska få riktig intensivträning. Det ska bli skönt att komma dit så man vet lite mer och hon får lite mer träning. De ville även att Lizzy skulle följa med ner några dagar. Får se vad hon bestämmer sig för.

Just nu väntar vi på besked från hab i Kristianstad om när vi får börja där. Hoppas det inte dröjer för länge.

När vi hade EVK (elevvårdskonferens) om Gilla på skolan kom vi fram till att hon hade varit hjälpt av en bärbar dator eftersom det tar sådan tid och kraft när hon ska skriva förhand. Det verkar inte vara några problem med att skolan ställer upp på det. Man klagar ofta på skolan men vi har verkligen tur som har en sån toppenskola som Mjällby skola som verkligen ställer upp och gör det bästa för Gilla. Det största problemet Gilla har med skolarbetet är att när det är lov så glömmer hon det mesta hon lärt sig innan lovet så de får börja om från början. Inte så kul...

I går var det basketturnering på skolan. Gilla var med och spelade. Hon till och med rörde sig runt lite på planen. Naturligtvis inte lika mycket som de andra och man såg att hon höll sig lite från dem just för att inte bli påsprungen. Men det är ändå ett stort steg framåt att hon kunde och fick vara med där. Gillas klass vann hela turneringen och klassen valde att Gilla skulle ta emot priset för att hon var med och spelade fast hon inte kan röra sig så bra.

Sön 11 mar 2007

Här var en glädjens dag igår. Gilla cyklade för första gången. Vi fick först bryta oss in i längan för nycklarna var på vift. Inne i längan tittade Gilla först på sin gamla cykel som hon cyklade på när hon blev påkörd. Jag frågade henne om hon tyckte att det var otäckt att se den och vad hon kände. Hon kände ingenting sa hon. Det bevisade bara att det är som vi trodde. Hon förtränger olyckan. Sen hittade vi Lizzys gamla cykel och tog ut den. Eftersom hon inte går riktigt bra än var jag väldigt osäker på om hon skull klara att hålla balansen. Jag höll i pakethållaren när hon började cykla men upptäckte väldigt snabbt att hon cyklade precis lika bra som före olyckan. Hon cyklar till och med bättre än hon går. När hon sen hoppade av cykeln så var det tur att hon hade hjälmen på och att öronen satt ivägen annars hade leendet gått runt huvudet på henne. ☺ Hon bara skrek Jaaaaa! rätt ut, så glad var hon. Jag frågade om hon tyckte det var obehagligt att cykla men hon tyckte bara det var kul. Nu får vi iväg så fort som möjligt och köpa en ny cykel åt henne. Den ena grannen kom när vi var ute och övade. Han tyckte det var skönt att se henne så pass bra. När han sen skulle köra frågade han var hon var så att han inte skulle köra på henne. Just då var hon på baksidan av huset så han passade på att köra när hon inte var i närheten.

Min mamma kom på en sak för någon dag sedan som jag inte hade tänkt på. Ingen har ju kollat hörseln på Gillas högra öra. Eftersom allt annat på den sidan inte är riktigt som det ska så var ju risken stor att hörseln med hade fått sig en törn. Jag testade lite smått här hemma och då sa hon att hon hörde lite sämre på höger öra. Får ta upp det med hab i Lund när vi kommer dit och se vad vi kan göra åt det. Det måste ju kollas upp ordentligt. Kan vara därför hon inte går riktigt bra heller eftersom balansen sitter i öronen.

Idag var Gilla ute och cyklade igen. Hon ville cykla en lite längre runda och inte bara här utanför huset men jag övertalade henne att vänta tills vi köpt en ny cykel till henne. Den hon lånade var ju inte riktigt i skick för att cykla lite längre sträckor med. ☹

För ett tag sen skulle jag kolla Gilla hur hon reagerade när vi tittade på alla fotona som jag tagit sen olyckan. Vi satte oss ner och pratade om bilderna. Det enda hon tyckte var att hon inte riktigt kunde fatta att det var hon som var på bilderna. Annars kände hon ingenting... Hmmm...

Igår hittade en tjej mig på Lunarstorm som var på hab i Lund samtidigt som vi. Gilla blev jätteglad för det för hon gillade verkligen den här tjejen. När vi var i Lund gjorde hon ett smyckeskrin till Gilla som hon blev överlycklig över. Det står på bästa plats i bokhyllan. ☺

Tis 13 mar 2007

Jösses vad Gilla skrämde mig igår. Hon hade varit ute och cyklat och rätt som det var så bara hörde jag henne skrika mamma. Jag for ut och undrade vad som hade hänt. Då skulle hon bara visa att hon klarade av att hoppa på studsmattan. Hon hoppade inte högt eller länge men det är alltid en början och det är bra att hon vågar för det är ju kanonträning för henne.

Idag kom en av mina trogna läsare till jobbet och hälsade på. Det första hon sa var vilka härliga bilder jag hade lagt ut. Hon tänkte på dem där Gilla cyklar och jag håller helt klart med henne. Det är så skönt att se Gilla klara av sådant som hon klarade före olyckan. Idag ringde hab i Kristianstad och nu har vi fått tiden dit ändrad. Först hade de lyckats boka in samma dag som jag skulle opereras och det är ju inte så lyckat att komma dit alldeles groggy av narkosen. ☹ Men det löste sig.

Gillas klass ska praoa när vi är i Lund och Gilla är jättebesviken över det. Jag sa att hon kunde praoa hos lekterapeuten Ellen i Lund. Det är garanterat inte många som har gjort det i hennes klass, men det ville hon inte. Vi får se hur vi löser det. Hon får kanske ändra sin praotid.

Nu äntligen har Gilla tagit sin mpr-spruta (mp3-spruta som hennes lärare Cicci sa). Hon skulle tagit den redan i 5:an men det gick ju inte eftersom vi låg på sjukhuset då. Sen skulle hon tagit den i höstas men då krockade det med sprutorna som vi tog inför Egypten-resan. Men nu äntligen är den tagen. Hon tyckte den gjorde rätt ont. Trodde hon var härdad efter alla sprutor och stick som hon har fått ta.

Lör 17 mar 2007

I torsdags var vi iväg för att köpa cykel till Gilla. Glädjen i bilen ändrades snabbt till hysteri...

Vi var en runda hos mina föräldrar och fikade lite. När vi körde därifrån hade det hänt en trafikolycka. En bil hade krockat med en lastbil. (Tur vi inte kom tidigare för då hade vi sett när olyckan hände). Vi var tvungna att köra förbi bilen. Jag ryter till ungarna att de absolut inte ska titta in i bilen för jag såg att tjejen satt kvar och var alldeles blodig. Jag var försent ute och båda hann se henne. Det var bara att stanna bilen och försöka lugna dem. Gilla var helt hysterisk. Jag fick knappt lugn på henne. Lizzy grät bara och jag började naturligtvis tjuta för att de tjöt. Tillslut lyckades jag lugna ner dem och vi kunde köra vidare. Jag var väldigt noga med att säga att Gilla inte såg ut så när hon var med om sin olycka. På sätt och vis var det bra att de fick se olyckan för då fick de ut lite av det som de har inom sig. När vi kom till Kristianstad frös båda två. Det berodde på chocken de fick när de såg trafikolyckan. Dagen efter när jag pratade med Marie, Gillas fröken, berättade jag vad som hänt dagen innan. Det förklarade varför Gilla hade varit så tyst i skolan.

Vi hittade en cykel som Gilla gillade skarpt. Cykelhandlaren frågade om hon ville prova den men det skulle hon absolut inte. Jag tyckte hon lät och uppförde sig lite konstigt för annars är hon inte den som drar sig för att prova saker. Tillslut frågade jag henne om det var för att där var för mycket bilar. Det visade sig att det var därför. Så vi köpte den utan att hon provade den och jag insåg att jag får en tuff tid framför mig att vänja henne vid att cykla bland bilar igen.

Igår var Gilla med om en ny olycka. Som tur var så var det inget allvarligt. En bräda trillade ner bak henne på träslöjden. Hon blev så rädd att hon körde kniven i handen. Mellan tummen och pekfingret tog den. Det var bara att köra in till vårdcentralen och kolla om det behövde sys. Som tur var så behövdes det bara tejpas. Hon är en riktig otursunge. ☺

När vi kom hem ville hon testa sin nya cykel så det var bara att plocka ut den. Hon cyklade lite sen tyckte hon att det blåste för mycket så hon gav upp. ☺

secca_h F32 Från Karlshamn Duktig du är Gilla som cyklar! Fortsätt kämpa bara. Den Gilla jag känner ger sig inte i första taget. Kramar Jessica i Karlshamn.

Jossemittliv_ F12 Från Kristianstad Usscch, va hemskt det med olyckan och det med Gilla oxå

Lör 7 apr 2007

Efter diverse klagomål att jag skriver för sällan ☺ får jag försöka plita ihop en blogg idag.

För ett tag sen när jag kom till skolan för att hämta Gilla fick jag världens chock. Hon hade fått ett likadant linne av Lina som hon hade på sig i olyckan. Fast det här var i en annan färg. Det kändes rätt jobbigt att se det. Benen nästan vek sig och jag kände att jag blev alldeles vit i ansiktet. Det var nog för att jag inte var beredd att se ett sådant linne i Gillas händer. Men det släppte rätt snabbt och nu är jag glad att Gilla fick det för det var just linnet hon var mest ledsen över att de fick klippa sönder på sjukhuset.

Nu har Gilla nått ytterligare ett av sina mål. Klätterväggen... Hon kom ca 4 meter upp sen gav hon upp. Det är betydligt högre än jag hade kommit. ☺ Gympalärarna var snälla och tog foto på det.

Det är konstigt att man ska behöva slåss om allt. Som tur är har jag haft lite hjälp med en del men mycket har jag fått ta i själv. Här är lite smakbitar på vad vi har fått stå ut med:

Någon tyckte att jag skulle åka hem och ta hand om Lizzy när Gilla låg medvetslös i Lund. Jag gjorde ändå ingen nytta där eftersom hon ändå var medvetslös. (Jag gjorde det rätta och stannade hos Gilla)

Någon ville ta Lizzy från sitt eget hem när vi bodde på sjukhuset. Hon skulle inte sitta där med sin mormor. (Jag stod på mig och sa att hon skulle stanna där hon var. Lizzy ville det och psykologerna sa att det var det bästa för henne.)

Problem innan det bestämdes vem som skulle stå för rullstolen. Det tog ett bra tag innan Gilla fick en.

Byte av habilitering. Det känns som om jag gjorde rätt fast vi inte har börjat i Kristianstad än. De har mer kontakt med Lund som är specialister på hjärnskador.

Skolan vill nu dra in Gillas egen lärare Marie. De vill inte sätta en resurs på bara en elev utan de vill att Gilla ska gå i en liten grupp. Läraren i Lund, Barbro, har fått nys om det så nu ska hon kalla till möte med rektorn och LSS-handläggaren och betona vikten av att Gilla har en egen lärare. Hon har en hjärnskada som inte är så vanlig i Sverige och den gör att hon inte är hjälpt av att gå i en liten grupp. Hon måste ha en egen lärare. Måste jag så kommer jag att gå till tidningarna med det men jag hoppas att det inte behövs.

Lizzy vägrar att cykla. Hon påstår att det inte är på grund av olyckan men jag tror det ändå. Får ta tag i det och tvinga henne att cykla med mig där olyckan hände.

Gilla ska cykla själv till sin praktikplats när vi kommer från Lund. Det är min stora fasa och jag vet att jag inte kommer att fixa det. Men jag måste göra det och börja släppa henne själv lite nu. Jag kan lova att jag kommer att vara tjutfärdig de två dagarna...

Nu ska vi bara vara hemma en vecka till sen ska vi till Lund. Lizzy har äntligen bestämt sig för att hon med kommer dit. Hon ska vara där 3 dagar första veckan vi är där. Vad jag förstod på Christina (från hab i Lund) så ska hon syssla en del med konst och musik. Passar henne perfekt. Jag tror att hon kommer att få rätt kul där.

Sön 15 apr 2007

Nu i vardagslivet märker man vilka problem Gilla har med att förstå saker. För några dagar sen när hon skulle sätta ner sin tallrik med mat på bordet så tappade hon ut all maten. (Hon har fortfarande svårt att hålla och balansera saker). Sedan stod hon bara och tittade på det. Lizzy sa till henne att hon skulle göra något åt det. Då började hon gråta och svarade att hon inte visste vad hon skulle göra. Sådana enkla saker som att torka upp efter sig förstår Gilla inte.

Idag när vi höll på att packa inför resan till Hab-villan i Lund så märktes det igen. Hon kom och frågade mig vad hon skulle packa ner för kläder och hur mycket. När jag hade sagt det till henne så förstod hon ändå inte hur

mycket. Jag fick ta det i ett väldigt lugnt tempo och för-
klara hur mycket kläder som behövdes.

Nu är det mer och mer hoppande på studsmattan. Men
det är bara bra. Man ser hur hennes ben blir tjockare ef-
terhand som musklerna byggs upp igen. Innan var det
bara skelett och skinn. Det var inte mycket med dem. Som
pinnar ungefär. I alla fall det som var gipsat så länge.

I fredags var vi och handlade solglasögon till Gilla. Ef-
tersom pupillen inte ändrar storlek så är det jättejobbigt
för henne när solen lyser. Då blundar hon helt med det
skadade ögat. Kan lova att det var inte lätt att hitta ett par
väldigt mörka solglasögon som hon gillade men tillslut
lyckades vi i alla fall. Nu ser hon ut som den "raggarbrud"
hon börjar bli. ☺

När vi sen stod i klädaffären stod där en dam (eller vad
man nu ska skriva ☺) och bara tittade. Tillslut hälsade
jag på henne för jag tänkte att det måste ju vara någon
som vi känner eftersom hon tittar så. Då kom hon fram
och började prata om Gilla och hennes olycka. Och att det
var så kul att se henne gå. Jag kallade dit Gilla och då
frågade damen henne om Gilla kände igen henne. Det
gjorde hon inte. Det visade sig att det var en av dem som
hade speciellt hand om Gilla när vi låg på sjukhuset i

Kristianstad. Jag tyckte väl att jag kände igen henne. Lite genant när man inte känner igen någon riktigt. ☺

Av någon anledning kollade jag min mail via nätet för någon dag sen. Där visade det sig att alla mina skickade mail låg kvar, vilket de inte gör på huvudklienten. När jag började titta igenom dem var det en hel massa som jag hade svarat på när Gilla låg på Niva i Lund. Vad glad jag blev att hitta dem. Jag kom ihåg att jag fått en hel massa då, men eftersom hjärnan inte funkade visste jag inte vad som stod i dem. Eftersom jag svarade på mailen följde ju även mailet jag fått med så de flesta fanns kvar. Tyvärr inte alla. Men jag sparade ner dem nu och har som ett litet minne. Jag säger bara det: Vilka kanonarbetskompisar man har. Jag blev jätterörd när jag läste igenom mailen.

Nej, nu får jag fortsätta packa inför resan till Hab i Lund. Gäller ju att få med allt som man behöver. Vi kommer ju inte hem förrän på fredag igen. ☺

mammarulle F35 Från Helsingborg Lycka till och jag hoppas det blir bra på Hab villan...kramar

Hobson F58 Från Sölvesborg Hej på er det var länge sen jag skrev. Skönt att Gilla har det bättre, har ju träffat er, så jag vet och ser att det är bra, du är så söt Gilla. Jag har inte sett din nya cyckel, kör försiktigt för det finns många buskörare på våra vägar. Ha det bra i Lund. " Kram Nettan"

Fre 20 apr 2007

(Eftersom jag inte har tillgång till dator blir det ett par veckor då jag skriver ihop dagboken veckovis istället)

Så var första veckan i Lund avklarad. Puh...

070416

När vi kom till hab blev det världens kramkalas och alla påpekade hur mycket Gilla hade vuxit. Den här gången fick vi Gula rummet.

Dagen började med inskrivning. Där var Kurator/rehabkoordinator, Logoped, arbetsterapeut, barnskötare, lärare och psykolog med.

Sen var det sjukgymnastik. Gilla gjorde en massa tester för att se vad hon behövde träna på. Först fick hon springa genom hela korridoren, plocka upp en sak och springa tillbaks. 10,1 sek tog det. Inte illa. Sen tränades koordination och balans. Det gick inte så bra. Hon fick även träna på att fånga och studsa bollar. Det gick sådär.

Sen var det arbetsterapeutens tur. Där testades att måla och dra linjer innanför streck. Det gick bra. Plocka och placera små saker var lite värre.

Sista passet var skola. Där kom läraren fram till att Gilla behövde öva på engelskt uttal. Det pratades även om dator med talsyntes och översättningspenna.

Under tiden Gilla var i skolan pratade jag med kuratorn. En kanontrevlig tjej precis som all annan personal är.

070417

Dagen började med att längd och vikt togs. Det visade 40,6 kg och 156 cm. Sista vikten som togs här i aug låg på ca 33 kg så lite har hon ökat. Tyvärr hade de missat att mäta längden på henne då.

När Gilla varit hos logopeden gjorde hon ordförståelsetest. Ett test var för vuxna. Där skulle man köra på tills man hade 8 fel. Gilla körde slut på alla orden utan att komma upp i det. Men de andra testerna verkade visa som om hon har problem med ordförståelsen. Får se vad de säger om det sen.

Sen var det arbetsterapi. Gilla och Teresia satt och spelade spel och Gilla "råkade" fuska lite.

På sjukgymnastiken sedan gjordes en massa mätningar av vinklarna i lederna och det testades hur Gilla rör sig. Även känseln i benen testades. Den hade bättrat sig. Det sades att ryggen måste kollas noga för hon drar fram eller drar bak (kommer inte ihåg vilket) höger höft rätt mycket.

Hon fick gå balansgång, töja hälsenorna (som inte är riktigt ok) och spela fotboll.

Vid eftermiddagsfikan var hon helt slut men skulle ändå inte vila. Det blev pyssel istället.

På kvällen kom Lizzy ner. Både jag och Gilla blev jätteglada att se henne. Vårt lilla rum blev en aning trångt med en extrasäng till Lizzy men det gick.

070418

Först började Gilla med skola. Då passade jag på att vara med Lizzy.

Sen var det bedömning hos psykologen. Där kollades minnet. Hade bättrat sig lite sen vi var här sist.

Sista passet var arbetsterapi. Där fick Gilla göra en fruktsallad som hon bjöd på senare på kvällen. Eftersom hon vägrar vila så har personalen nu lagt in vila som tvång. De sista 20 minutrarna fick hon slöa lite framför en film.

På eftermiddagen var vi tvungna att köra till Nova. Det är ett stort köpcenter med en massa affärer. Jag hade fått en jättebra vägbeskrivning dit men jag och mitt urkassa lokalsinne gjorde att jag lyckades köra fel ändå. Men till slut hittade vi dit och tillbaka.

070419

Dagen började med bad. Under tiden pratade jag och Lizzy med en som hade hand om hjälpmedel. Han berättade om talsyntes och översättningspenna. Lät precis som något som Gilla behöver.

Efter det var det skola. Då passade jag och Lizzy på att spela lite spel innan hon gick ner till rummet för att kolla på en film. Jag skulle egentligen träffat psykologen då men hon fick förhinder. Det fick bli en annan gång.

På eftermiddagen träffade Gilla psykologen igen och hon fortsatte att kolla minnet.

Undertiden träffade Lizzy rehabkoordinatorn/kuratorn Ingela. När jag berättade för Lizzy att hon skulle träffa henne var det inte alls poppis. Men sen upptäckte Lizzy hur kanonrolig hon var och då gick det jättebra. De pratade om precis allt kan jag tänka mig. ☺

Det var ingen god mat alls den dan. På kvällen körde vi till McDonalds och åt.

070420

Idag började Gilla med gympa. Där fanns det olika stationer. Hon skulle öva på att gå balansgång, kasta boll, sparka boll, gå i mjuk trappa och matta, gå upp och ner för ett trappsteg på olika sätt, stå på ett ben och sätta och ställa sig upp. Det sista skulle hon göra 15 gånger men gjorde det 50 gånger. ☺

Undertiden träffade Lizzy kuratorn igen. Gick precis lika bra som igår. Det verkar till och med som om de har bestämt att kuratorn eventuellt ska komma och kolla på någon av våra cruisingar.

Sista passet idag var skola. Då passade jag och Lizzy på att spela igen. Vi har hittat ett jättekul spel som är helt beroendeframkallande. Sen fick Lizzy lära arbetsterapeuten hur man knyter olika figurer av plastsnören. Teresia tog foto hela tiden som de ska ha när de lär ut till andra sen.

Nu verkar det som om Gilla äntligen har förstått att hon behöver många pauser. När hon pausar "mappeterar" hon hjärnan. Hon använder andra delar av hjärnan och låter de "använda" delarna vila. Hoppas hon fortsätter med det i skolan med.

Fre 27 apr 2007

070423

Så var det dags för ännu en vecka i Lund. Gilla började med att träffa psykologen. Där fick hon öva på minnet. Hon fick titta på en massa foton och säga om det var en tjej eller kille. Sedan visades det tre foton åt gången och då skulle hon säga vilken av dem hon sett innan.

Efter det läste hon lite engelska och övade engelska på datorn.

"Stora Gilla" (som jobbade på habiliteringen) gillade inte att Gilla gick i klackskor för då blev "lilla Gilla" längre än henne. ☺

På gympan fick Gilla gå balansgång, gå på mjuk matta, kasta basket, stå på balansplatta, hoppa studsmatta, spela fotboll, kasta liten boll, springa och klättra på klätterväggen.

070424

Gilla hade väldigt brått upp till I-villan idag. Hon var där uppe redan 8.10 fast hon inte skulle börja förrän 9.00. Det var pianot som drog. Nu spelar hon med båda händerna fast mest med vänstran. Innan var det bara vänstran så lite bättre har det blivit.

Gilla har kommit på nya ord som hon kommer att använda. Det ena är "maputera". Det betyder vila, pausa. Det andra är "taputera". Det betyder att hon är trött.

Dagen började sen med tre timmar hos logopeden (med ett antal "maputationer" inräknat). Där fick hon först räkna upp alla ord hon kunde i en kategori under en minut. Sen skulle hon säga samma mening som logopeden sa och samtidigt räkna orden. Efter 15 minuter var hon "taputerad" och behövde "maputera". Efter det skulle

Gilla berätta vilket ord i meningen som kunde betyda olika saker och vad det kunde betyda. Hon skulle även berätta vilka olika saker en hel mening kunde betyda. Funkade inte alls. Sedan skulle hon berätta undermeningen i olika berättelser. Det gick inte heller så bra. Efter en halvtimmer behövde hon "maputera" i 40 minuter. Till slut fick hon titta på olika bilder och berätta så mycket hon kunde om dem. Hon fick även 3 ord som hon skulle göra meningar av. Det gick jättebra.

Gympan började med ett springtest. Hon sprang 4 varv på ca 41 sek sedan hängde inte benen och kroppen med. Sammanlagt var det 120 m. Efter det övade hon på att putta en fotboll genom koner, dribbla en basketboll genom konerna, dribbla innebandyboll och gå balansgång på en upp- och nervänd bänk. Balansgången gick bra. Hon lyckades till och med vända utan att trilla ner. Tillslut skulle hon stå på en studsmatta och kasta basket och kasta ner bollar från koner.

Jag träffade psykologen och vi pratade lite om hur långt Gilla hade kommit och vad hon behöver hjälp med. Vi pratade också en del om Lizzy som också behöver hjälp.

070425

Dagen började med gympa. Där gjorde hon samma saker som igår. Hab från Kristianstad kom och hälsade på och tittade lite. De var jättetrevliga och jag tror att det blir bra när vi börjar där.

Efter gympan var det dags för koncentrationstest. Först skulle Gilla markera vilka tefat som var likadana. Sen skulle hon räkna ljud. Tillslut skulle hon markera och räkna ljud samtidigt. När hon bara räknade ljud försvann hon emellanåt in i sin lilla värld och tappade då räkningen. Det gick bättre när hon markerade tefat samtidigt.

Vid middagstid kom Lizzy och Gillas mormor och morfar och hälsade på. Vi körde en runda till Nova. Sedan visade Gilla dem runt på habiliteringen.

På kvällen satt vi och ett par andra ute i trädgården och pratade om ungarnas olyckor. Vi kom fram till att det var två lyckoungar som låg i gräset eftersom ingen av dem egentligen skulle överlevt.

070426

Första passet var gympa. Då var vi i styrketräninsrummet på hab-centralen.

Sedan kom psykologen Christina med en modell av en hjärna och berättade var Gillas blödningar satt och hur det påverkade henne.

Testerna i skolan idag gick inte så bra. Gilla hade sovit dåligt och vaknat tidigt så hon var trött och okoncentrerad.

På eftermiddagen när Gilla var iväg och bowlade hade vi möte med skolan. Rektorn, skolsköterskan och en LSS-handläggare var med. Mötet gick bra. Jag tror att de först nu förstod vilka problem Gilla har i skolan och vad hon behöver hjälp med. Det verkar som om de ska göra allt för att underlätta för Gilla. Då handlar det om bland annat dator och talsyntes och sådant samt att hon får behålla sin egen lärare.

Efter mötet bröt jag ihop för då var det nästan exakt på tiden ett år efter olyckan. Det kändes lite dumt eftersom alla såg det men det är sånt som händer. Skolsköterskan hade sett på mig under mötet att det var något på gång men jag lyckades hålla mig tills mötet var slut. Ska tilläggas att det var fruktansvärt tungt att höra allt som Gilla har problem med och vad som behövs för att hon ska klara skola och jobb. När jag sen hämtat mig lite visade jag dem runt på hab.

På kvällen gick jag och Gilla ut och åt för det var ingen god mat på hab.

När vi sen kom tillbaka kom psykologen ner (efter arbetstid) och hon och jag gick en runda och pratade. Kändes rätt skönt.

070427

Dagen började med skola. Där fick Gilla titta lite på dubbelteckning och matte. Vi hann inte mycket för Gilla var tvungen att gå tidigare så hon hann till badet.

I badet fick hon simma några längder. Det gick jättebra. Sedan fick hon öva på att flyta och dyka. Gick också rätt bra. Pappan till ett annat barn fick lite frispel och lekte Tarzan. Han hängde i liften och flög ut i bassängen där han sen släppte taget. Såg fruktansvärt kul ut. ☺

Sedan var det lunch och dags att köra hem.

Den här veckan har varit rätt jobbig. Eftersom de håller på att bygga ut och bygga om är det mycket som inte funkar. Telefonerna och larmen i rummen (om något skulle hända) har inte funkat på de här veckorna vi har varit där. Den här veckan har vi varit utan varmvatten. Det har varit väldigt snabba och kalla duschar om morgnarna.

En kväll när vi satt ute fick vi lite spel. Den andra mamman hade en busvissling på sin mobil. När byggjobbarna gick förbi skulle hon spela upp den och när de vände sig om skulle pappan vinka lite flörtigt till dem. Tyvärr var det ingen som vände sig om men vi satt och gapskrattade ändå.

Samma pappa hade en kväll ätit något olämpligt så han fick vädra ut hela huset. ☺ Dagen efter upptäckte vi att det hängde en varningsskylt för gas på dörren in till deras korridor. Undrar vem som hängt upp den. Var inte jag i alla fall... ☺

Fre 11 maj 2007

I fredags var vi och hälsade på hab i Kristianstad för första gången. Den första vi mötte där var Irené som jag har jobbat ihop med en gång i tiden och som jobbade på Gillas och Lizzys skola. Hon blev jätteglad över att se att Gilla hade kommit så långt som hon har gjort. De verkar jättebra att ha att göra med där. De frågade om jag och Lizzy hade fått något krissamtal när olyckan hade hänt. Det fick vi aldrig och de trodde att det var kanske därför Lizzy stänger inne allt som hon gör. De trodde också att Lizzy tycker att jag har fullt upp med Gilla och att hon därför inte vill belasta mig med att hon inte mår riktigt bra. Hoppas att vi kan få det att vända.

I måndags och tisdags praoade Gilla på utemarknaden uppe vid affären. Hon var så mallig för det var första gången hon skulle cykla helt själv. På söndagkvällen tyckte jag hon såg väldigt blek och nervös ut så jag frågade henne rent ut om hon vågade cykla själv. Då kröp det fram att det gjorde hon inte. Det var bara att ringa mina föräldrar så körde de henne till praktiken och jag hämtade henne. Allt gick jättebra där och hon tyckte det var kanonkul.

På måndagen ringde hon en halvtimme innan hon skulle sluta och sa att hon inte orkade mer. Då fick jag hämta henne, sedan låg hon på soffan och bara vilade resten av dagen. På tisdagen ringde hon 3 1/2 timme innan hon skulle sluta. Då var hon helt slut. Hon hade ju inte tagit sina små "maputeringar" under dagen som hon skulle så det var ju inte konstigt.

Igår skulle klassen cykla till Stiby och orientera. Gilla var jättesur och arg för att hon inte fick cykla med. Hade bara någon vuxen cyklat med hade hon kunnat göra det men nu var det inte så. Det var mycket vägarbeten och många av cykelvägarna gick inte att använda. På en av vägarna kör folk som idioter så vi tyckte inte det var riktigt lägligt att släppa henne själv. Jag hämtade henne på skolan när de andra cyklade iväg och sedan tog hon och jag en runda på cyklarna. Jösses vad jag kände mig dum i cykelhjälm. Hoppades hela tiden att ingen som jag kände såg mig. Till på råga på allt började det regna med så vi var rätt blöta innan vi kom hem.

På eftermiddagen när orienteringen var slut cyklade Petro hit när hon skulle cykla hem. Syntes att Gilla blev jätteglad över det fast hon ville inte visa det. Var precis vad hon behövde.

jesse_ F35 Från Sölvesborg Men Camilla oroa dig inte för Lizzy. Jag tycker att hon verkar tusen gånger piggare och gladare sen du träffade Nicke.

Tis 29 maj 2007

Det har varit en väldigt jobbig vecka för Gilla. Förra tisdagen var de på utflykt på Hanö. Där gick det bra. Hon klättrade och hade sig men dagen efter var det värre. När klockan var 12 ringde hon från skolan och sa att hon inte orkade mer. Det var bara att köra och hämta henne.

Torsdag till fredag var de på klassresa till Boda Borg. Där gick det väl rätt bra förutom att hon hade blivit ledsen och arg för att hon inte klarade en del banor. På fredagen när hon kom hem bestämde hon sig för att hon inte orkade med premiärcruisingen som var på kvällen så hon till-bringade natten hos mormor. När hon sen kom hem på lördagen var hon så slut att hon somnade på soffan. På kvällen åkte vi till Hässleholm och tittade på bilarna där. Det hade varit Powermeet på dan så stan kryllade av jän-kebilar. Gilla var rätt trött och satt mest och sov i bilen.

Söndagen blev inte mycket vila för henne för då var det ju mors dag och vi var hos mormor.

Allt det här tog ut sin rätt för när jag sen skulle väcka henne på måndagsmorgonen, sa hon, att hon inte orkade gå till skolan. Det var bara att ringa och meddela att hon var extremt trött och att hon stannade hemma. Hon sov 13 1/2 timmar.

På eftermiddagen var det dags för ännu ett möte med hab i Kristianstad. Jag och kuratorn fyllde i ansökan om vårdbidrag när Gilla träffade psykologen och specialpedagogen.

Mitt i allt det här ska man hålla på och slåss med myndigheter. Jag har varit halvt sjukskriven på grund av olyckan men idag fick jag brev från försäkringskassan att de inte godkänner min sjukskrivning mer. Samtidigt blir jag helt arbetslös om en månad och då måste jag ut och jaga nytt jobb. Inte lätt när man inte fixar att jobba helt och vem vill anställa någon som måste vara borta en hel del på grund av läkarbesök, habilitering och sådant? Snacka om kass sits.

Tors 31 maj 2007

Igår var vi på möte med socialen. (Barn och ungdom). Eftersom Gilla inte faller under LSS-lagen (lagen om särskilt stöd) kan man få hjälp av dem istället. Vi pratade om en kontaktperson till Gilla och kom fram till att hon behövde en ung tjej som hon träffar varannan lördag. De ska hitta på lite kul saker som att shoppa, gå på bio och sådant som kompisar gör. Nu återstår bara att vänta och se om det klubbas igenom men det hoppas jag att det gör för hon behöver verkligen en sådan. Men som det verkade på henne som vi träffade är det nog inga problem.

Eftersom Gilla har tappat alla sina kompisar är hon verkligen i behov av någon som hon träffar då och då så hon kommer ifrån oss lite. Antagligen tycker Gillas kompisar att hon är barnslig och jobbig och att det är därför de inte vill vara med henne. Kan också vara för att hon inte riktigt klarar av samma saker som de gör och har svårt för att förstå vissa saker. Märks på Gilla att hon börjar märka det själv nu för när hon sitter och ringer runt och ingen vill vara med henne så blir hon jättenere fast hon inte vill visa eller erkänna det. Jag blev rätt bekymrad när jag hörde att de hade träffat sin nya klass och hon fick då sitta helt själv när alla de andra satt 2 och 2. Bara hon inte blir helt utstött i skolan med nu.

Hade en liten fight med Försäkringskassan igår. De jämställde att ta hand om Gilla och sköta ett jobb var samma sak. De tyckte inte att jag var arbetsoförmögen då. Som jag ser det är det två helt skilda saker och kan inte jämföras. Precis när jag kom upp i varv och skulle tala om vad jag verkligen tyckte tog batteriet i min mobil slut. Hon trodde väl att jag slängde på luren i örat på henne och eftersom jag inte visste vem jag pratade med kunde jag inte ringa upp igen. Vid sådana här tillfällen önskar jag att de råkade ut för samma sak och hamnade i den här sitsen så att de verkligen fattade hur människor har det och inte var såna jävla paragrafryttare.

Ons 6 jun 2007

I fredags var det möte på hab i Kristianstad om Gilla. Känns verkligen att de tar det på allvar och att det kommer att hända saker där.

I måndags var Gilla på läkarbesök på hab. Tror inte hon har gjort någon sådan koll sen vi var på hab i Lund första gången. Jag tog även upp att hörseln inte har kollats. De skulle skicka remiss. Hörseln behöver ju också kollas. Vem vet om den med har fått sig en törn som mycket annat.

Igår var vi på ögonkliniken i Lund. Det gjordes en grundlig undersökning och det lutar nog åt att det blir två operationer. En för att räta upp ögat och en för att lyfta ögonlocket. Det blir jobbiga operationer och hon kommer att ha stora problem länge efteråt. Som det är nu har hjärnan lärt sig att koppla bort hennes dubbelseende så hon inte tänker på det. Efter operationen kommer hennes båda "bilder" att hamna närmare varandra och då blir det jätte-jobbigt för hjärnan innan den har fått ihop det till en bild. Kan även bli att ögat känns "grusigt" i flera år efter så fort det blir kallt eller blåser. Men Gilla ville ändå göra oper-ationerna. Nu återstår bara att se vad operationsläkaren säger. Han ska först titta på fotona de tog, innan han tar ställning till om det blir någon operation.

På kvällen ville Gilla följa med till Tydingesjön. Det var bilcafé där. Det var bara att sätta sig i bilen igen och köra. Trött var hon men hon måste ju ha ett socialt liv med. Hon var trött och hon ville inte ens åka nercabbat utan hon hoppade över i Manges bil istället och åkte med ho-nom.

Lizzy skulle vara med en kompis idag och då sa jag till Gilla att hon kunde med vara med en kompis. Hon sva-rade bara nej och sen gick hon upp på sitt rum. Märktes på henne hon var ledsen. Hon har gett upp nu att ringa till kompisar eftersom ingen vill vara med henne när hon ringer.

Idag var vi på rockfestivalen i Norje en runda. Först körde vi runt och letade parkering men de tog ju rena "ockrarpriset". Sen kom vi på att de kanske hade handi-kapparkering inne på området. Vi har ju handikappkort så vi får stå på såna. Först sa vakten att vi bara fick lämna av och sen parkera på annat ställe men sen upptäckte han kortet i rutan och då var det bara att köra in på området och parkera. Mycket bra för då slapp Gilla gå så långt.

Mån 18 jun 2007

Förra veckan var en jobbig vecka igen för Gilla med många utflykter med skolan. Först var de och badade en hel dag och sen var de på Stiby en hel dag. Sånt tar verkligen på krafterna på henne. Det märktes för hon var jättetrött i slutet av veckan.

Nu har det hänt igen. Två killar på ungarnas skola krockade när de körde moped. De klarade sig som tur var båda två men den ene fick rätt allvarliga skador. Jag fick samla så mycket info om det som möjligt för att kunna förbereda ungarna på bästa sätt. Eftersom de själva är mitt uppe i bearbetningen av Gillas olycka är de extra känsliga för sådant. Jag ringde till och med hab och förvarnade dem om att vi kanske behövde deras hjälp. Men än har ingen av ungarna visat att det behövs.

I fredags var det skolavslutning. Gilla var lite orolig om hon skulle orka stå där framme och sjunga med de andra. Jag sa att skulle hon bli trött så var det bara att gå och sätta sig. Men hon fixade det kanonbra.

På kvällen var det cruising. Lina följde med och det var världens ståhej i bilen.

I lördags åkte vi till Lina och lämnade av Gilla. Hon skulle sova där på natten. Gissa om Gilla var överlycklig för att hon hade en kompis att vara med. Fast som vanligt ville hon inte visa det...

Hobson F58 Från Sölvesborg Hejsan Jag kände knappt igen Gilla, hon var så fin på skolavslutningen.Hon är så söt, jag tog foto <3

Ons 20 jun 2007

Glömde skriva i förra bloggen att nu har vi blivit beviljade en kontaktperson till Gilla. Hoppas bara att det går snabbt och att hon har någon att vara med i sommar. Men eftersom de lider stor brist på kontaktpersoner är jag rädd för att det kommer att ta tid att hitta någon lämplig.

Idag var hab här. Jag stod ute vid vägen och väntade på att Lizzy skulle bli upphämtad. Då såg jag att de körde förbi men eftersom de inte vände blev jag osäker på om det verkligen var de. Efter ett tag ringde de på mobilen. Då hade de sett mig men trott att jag bara var där och lämnade Lizzy. De hade kört tills vägen tog slut och då kom de på att de nog var fel. ☺

Hab, jag och i viss mån Gilla bestämde att vi ska göra upp ett schema över vad Gilla ska göra var dag under sommarlovet. Eftersom hab är stängt när det är semester så får hon träna så mycket hon kan här hemma. Schemat kan bestå av: hänga tvätt, diska, simma, rensa rabatter, leka agility med hundarna, hoppa studsmatta osv. Allt sånt är bra träning. Särskilt sådant som hon måste använda båda händerna till. Hon ska bara göra lite var dag. Inte så att hon blir helt uttröttad. Gilla är lite smått förtvivlad över ett schema för hon tror att hon inte ska hinna göra något annat. Men det är inga problem. Skulle det behövas får hon hoppa över någon dag.

Vi pratade även lite om de båda killarnas mopedolycka. Ungarna har fortfarande inte visat någon reaktion på det som jag trodde att de skulle göra. Det kan vara att de kanske fortfarande är chockade över Gillas och har svårt för att ta in vad som händer andra. Gilla har sagt att hon vill åka och hälsa på den killen som blev svårast skadad. Jag tror det är bra för både henne och honom och få träffa någon som har varit med om det samma. Vi får vänta lite bara tills allt har lugnat ner sig lite för honom.

Fältsekreterarna här i kommunen har sommarjobb för dem som är i lite större behov av att komma hemifrån lite och göra annat. Lizzy hade sådan tur att hon kom med bland dem. Hon är verkligen värd att få komma hemifrån och göra lite annat med tanke på hur mycket hon har fått stå ut med. På jobbet ska de måla någon lokal och på eftermiddagarna badar de och gör annat kul. Idag åkte de på spa och ska vara där tills i morgon. Inte illa alls att ha ett sånt jobb och få betalt för det med. ☺

Sön 24 jun 2007

Så var den regniga midsommaren över. Midsommarafton firades i Tosteberga hamn. Gilla var i valet och kvalet om hon skulle sova över i militärtältet eller om hon skulle åka hem. Först skulle hon sova där, sedan skulle hon hem, sedan skulle hon sova och sedan skulle hon hem. Efter några timmar av midsommarfirande var Gilla helt slut så jag fick köra hem med henne. Efter några timmars "mappputerande" på soffan beslöt hon sig för att åka tillbaks och sova i tältet ihop med de andra "ungarna" som skulle ligga över. Det var bara att packa och köra dit henne igen.

På natten hade Mange lite problem. Först kunde Gilla inte sova och hon ville gå ut. Det var ok för Mange bara hon höll sig i närheten. När hon kom in i tältet igen fick hon för sig att hon sett flygfisk. Mange försökte övertyga henne om att antingen var det fiskar som hoppade eller fiskmåsar som hon sett men hon gav sig inte. Efter ett tag behövde hon på toa. Alla de andra sov så stackars Mange fick upp och följa med henne. När de senare kom tillbaka var hon hungrig. Stackars Mange igen fick övertyga henne om att alla ostbågar var slut och att det inte fanns något kvar. Till slut blev Gilla väldigt högljudd. Mange fick säga till henne på skarpen för de andra sov ju. Då äntligen tystnade hon och somnade. Men då var Mange så slut att han somnade framför kaminen som han satt eldvakt vid.

Dagen efter skulle Gilla bada i havet. Ner gick väl bra men det var värre upp. Då fick hon ha hjälp på de hala stenarna. Men hon var i ett par gånger i alla fall.

Det var meningen att Gilla skulle sova två nätter i militärtältet ihop med de andra men på lördagkvällen var hon slut och ville hem och då var det bara att köra och hämta henne.

En som vi misstänker är pedofil hade kontaktat Gilla på Lunarstorm. Eftersom hon inte var hemma när jag upptäckte det fick jag ta Jörgen till hjälp och kolla med henne om hon sett det och om hon lämnat ut sin msn till den här typen. Han tog henne avsides och pratade med henne men som tur var hade hon inte varit inne här och sett det. När hon sen kom hem på kvällen pratade jag med henne och hon lovade att om det kom sådana konstiga meddelanden eller gästboksinlägg igen skulle hon genast visa mig det innan hon svarade på dem.

Tors 5 jul 2007

Nu har det gått några veckor på sommarlovet och regnet har bara öst ner. Tyvärr kullkastar det våra planer på vattengympa för Gillas del. *Suck*

Förra veckan satte jag och Gilla oss ner och gjorde en lista på saker hon skulle göra under veckan för att träna. Efter många om och men fick jag henne att rensa hennes och Lizzys rabatt vid husvagnen. Vartannat ogräs drog hon med vänster och vartannat med höger. Märktes att hon är mycket svagare i högran för där blev i regel rötterna kvar.

En dag plockade hon självmant ner hantlarna och satt och tränade lite. Jag blev rätt förvånad att hon gjorde det utan att bli tillsagd. ☺

I helgen hade vi Sösdalaträffen. Gilla och en annan tjej gick runt med reklamskyltar för klubben. Det var kanon. Sen satt hon i fiskedammen lite med mormor och Lizzy. På eftermiddagen var hon så trött att hon bara satt i bilen och stirrade rakt fram. Vi sa till henne att hon kunde ta kudden och lägga sig i baksätet och "mapputera" men det ville hon inte. Envisa åsna. ☺ Lizzy var kanonduktig med. Först satt hon hela dagen i fiskedammen och sedan på kvällen skötte hon försäljningen av korv och dricka.

I tisdags var jag, Gilla och Julia och hälsade på killen som blev värst skadad i mopedolyckan för ett tag sedan. Gilla var nog rätt nervös för hur hon skulle reagera för hon såg rätt sammanbiten ut. Men det gick bra. Den första vi träffade på avdelningen var sjukgymnasten Maria som Gilla hade haft när vi låg där. Först kände hon inte igen oss för Gilla har fått så långt hår men sedan blev hon jätteglad. Det var några i personalen som kände igen Gilla men de flesta var sommarvikarier och hade inte varit där när vi var där. Vi gick ut en runda till den nya uteplatsen de har gjort till avdelningen. Där skulle killen vi hälsade på köra upp på en liten kulle med rullstolen. Vad händer? Jo naturligtvis tippar han och rullstolen välter och han trillar ur den. Mamman höll på att få hjärtattack. Som tur var klarade han sig utan någonting. Stygnen och sådant kunde ju gått upp. Tror att det var bra att han och Gilla träffades nu för de har ju ändå gått igenom nästan samma sak. Till hösten blir det troligtvis så att de får "dela" på Marie som Gilla har som "egen" lärare. Men det är bara bra för då känner de sig kanske inte så utpekade.

Igår var vi på Killebommarknaden. Vi gick där nästan två timmar sedan var Gilla helt slut. Det var mycket intryck, ljud och folk. Skulle kanske haft rullstolen med så hon kunde suttit i den. På kvällen ville hon inte alls följa med när vi körde in en runda till.

Ons 11 jul 2007

Nu är Killebom över och snart Kristianstadsdagarna med.

På fredagen var vi inne en runda på Killebom. Det blev inte så långvarigt för Gilla var lite trött. Vi fick alla tre vars en ros. Gilla blev så generad att hon vägrade ta emot sin. Lizzy blev ställd men glad och tog glatt emot sin precis som jag.

Vi var också och tittade på Frida när hon uppträdde på Killebom. Vi stod nästan längst fram. En fd jobbarkompis och hennes familj kom också dit och tittade. Den ena av hennes tjejer har med blivit påkörd. Men hon har klarat sig bra som tur är. Har lite efterdyningar som jag verkligen hoppas går över.

Lördagkvällen åkte Lizzy, Gilla och deras plastkusin in till Kristianstadsdagarna. Före olyckan hade Gilla svårt att åka karuseller som gick runt. Nu har det blivit värre. Fast åker man Batman två gånger på raken får man skylla sig själv. ☺ Inte konstigt att hon la en stor "pizza" på karusellgolvet när åkturen tog slut.

Tors 26 jul 2007

Förra veckan sov Gilla hos några hon aldrig sovit hos innan. Blev lite förvånad att hon gjorde det för annars är hon en liten "hemmatjej".

I fredags var det cruising igen. Angelica följde med och tjejerna satt och vinkade till alla när vi körde vår runda. Sen fick alla ungarna som hade hjälpt till i Sösdala poka-ler för att de hade varit så duktiga.

I måndags kom Malin och Mattias hit och vi gick ut och åt. Malin berättade för Gilla att hon skulle söka tjänsten som hennes kontaktperson. Gilla blev överlycklig. Hop-pas bara att hon får det. Jag skickade ett mess till Malin om att det var synd att hon bodde så långt borta annars kunde hon sökt tjänsten. Malin blev eld och lågor och Mattias tyckte det var en bra grej. Jag hade faktiskt inte förväntat mig den reaktionen. ☺ När jag sedan ringde kvinnan på socialen blev hon jätteglad för de hade pro-blem med att hitta någon lämplig så hon var lite bekymrad över det. Malin skulle egentligen träffat socialen i mån-dags men mötet blev tyvärr inställt. Väldigt synd. När vi förklarade hur kontaktpersonen skulle vara var det Malin vi hade i tankarna för hon är precis den unga spralliga tjejen som passar Gilla i sinnet. Hon har varit med ända från början. Hon kom till och med ner till Lund när vi låg på Niva. Sedan tog hon Lizzy ett par gånger och körde iväg och shoppade med henne. När vi var och badade förra sommaren hjälpte hon mig jättemycket att få i Gilla i och ur vattnet eftersom Gilla inte kunde gå då och sen härjade hon runt med ungarna däri. Då slapp ju jag eftersom jag är en sådan "badkruka". Sedan har hon ju jobbat som "nanny" så hon har ju verkligen erfarenhet av ungar.

Vi hade även Gunilla i tankarna men eftersom det bara rör sig om 4 timmar varannan lördag insåg vi att det var för lite timmar för Gunilla. Hade det rört sig om fler så...

Lör 4 aug 2007

Gilla har varit konstig och nerstämd nu några veckor. Idag var värre än vanligt och hon bara försvann upp på sitt rum precis som hon gjort ett antal gånger den senaste månaden. När jag gick upp efter henne för att se vad det var visade det sig att hon var jätteledsen för att ingen ville vara med henne när hon ringde och för att ingen ringer till henne. Hon grät så mycket att jag knappt kunde lugna henne. Inget kan jag göra heller för att hjälpa henne. Är rätt arg på mig själv för att jag inte kollat till henne alla de andra gångerna hon försvunnit upp på rummet. Antagligen har hon suttit där och gråtit då med...

Bijeda F27 Från Sölvesborg *kram till Gilla*

Fre 10 aug 2007

Jag och Gilla passade på att köra och bada en dag när det var fint väder. Vi har ju inte hunnit göra det någon gång under sommaren. Har det inte regnat har vi haft fullt upp med annat. Vi packade picnicväskan och drog till Sandviken. Blev rätt orolig för Gilla gick rätt långt ut. Badkruka som jag är stannade jag på stranden och hade inte haft en chans att hinna ut om hon inte skulle orka mer. Som tur var var det inga problem. Helst hade jag velat köra till Hälleviksbadet med henne men hon vägrade åka dit. Fick en känsla av att det berodde på att hon var ledsen på sina kompisar för att ingen hört av sig till henne, att hon inte ens ville se dem.

Nu har habiliteringen kommit igång igen efter sommaruppehållet. Är jättebra för då får Gilla annat att tänka på. Först fick hon baka chokladbullar ihop med arbetsterapeuten Lotta. Men Gilla gjorde klart för henne att hon minsann inte åt såna så hon fick en glass istället.

Som det ser ut kommer läkaren troligtvis att skriva ut tabletter till Gilla som gör att hon klarar stress bättre. Som det är nu så blir hon jättearg så fort man försöker jäkta på henne minsta lilla.

Efter att hon bakat var det dags för lite sjukgymnastik. Först mättes alla vinklarna i benen. De hade bättrat sig 5 grader sen vi var i Lund sist. Gilla visade även att hon kunde böja vänsterbenet helt och sitta på det. Sen fick hon visa hur hon går och tillslut fick hon sitta och ställa sig upp utan att ta hjälp av händerna. Hon provade även ut en balansbräda som vi kommer att ha här hemma.

På kvällen körde vi iväg och köpte ett 3 i 1 spel. Det är airhockey, biljard och fotbollsspel. Ungarna var helt galna här när vi väl fått ihop det och de hördes säkert ända upp till Mjällby som de tjoade och skrattade. Gilla blev lite irriterad emellanåt för hon kunde inte skjuta lika snabbt som Lizzy men om ett tag när hon spelat några gånger och tränat upp armarna lär det inte vara några problem.

Fre 17 aug 2007

I tisdags var Gilla hos Petro. Har inte sett henne så glad på flera månader som hon var när hon kom hem. Förutom när hon var med Lina och Emma när vi var på High Chaparral och de gånger Emma har ringt. Tyvärr bor ju Emma så långt bort att Gilla inte kan träffa henne. I onsdags var det stort möte på hab. Där var alla Gillas nya lärare, några från hab-villan i Lund, hab i Kristianstad och så jag och Gilla. Det är jättetufft att sitta på sådana möten och höra dem berätta vilka problem Gilla har och vad hon behöver hjälp med. Svårast av allt är nog ändå att sitta och berätta för alla att Gilla inte har någon att vara med utan att hon är helt själv. Nu verkar det som om en fritidskonsulent ska bli inkopplad med så att Gilla får en vettig fritid. Hon behöver ju lite kul med. Det som retar mig allra mest är att någon kunde fördärva en liten tjej för resten av sitt liv och den skyldige klarar sig utan någonting. Blev inte ens av med körkortet eller något sådant.

I torsdags var det sjukgymnastik. Då fick Gilla först göra en hinderbana där hon övade balans. Sedan var det lite löpträning och styrketräning. Hon fick även öva lite på balansbräda. Inte så lätt som man kan tro. Tyvärr har de ingen klättervägg i gympasalen på hab så hon fick klättra på ribbstolar istället. Mormor var med och tittade och Gilla var jättemallig när hon visade vad hon klarade.

Läxan hon fick till nästa gång var att hon skulle öva på att stå på ett ben och så skulle hon springa fram och tillbaks på vår lilla grusväg. Målet är nu att hon ska kunna springa fram och tillbaks 2 gånger. Ca 240 m.

Jag satt precis och la in lite bilder från kameran. När jag tittade igenom dem hamnade jag på ett foto som var taget dagen efter olyckan. Det blev en liten chock att se det när jag inte var riktigt beredd. Det är i alla fall skönt att hon blivit så pass bra som hon ändå är.

Tisdag 28 aug 2007

Dagen innan skolan började var Gilla hos Lina. Det var skönt för henne att vara med någon annan och inte bara oss.

Skolan började och Gilla var nog lite nervös eftersom det var ny klass, men som vanligt ville hon inte visa något.

I skolan känner hon nog sig lite utanför. Ingen sätter sig hos henne i klassrummet utan hon får alltid sitta själv och när de ska jobba ihop verkar ingen fråga om hon vill jobba med dem. Det värsta är att Gilla inte berättar sådant själv utan jag får höra på omvägar och så får jag dra det ur henne.

På hemkunskapen förra veckan var det 2 tjejer som faktiskt frågade om hon ville jobba med dem. Gilla var överlycklig när hon berättade det.

Torsdag till fredag var det lägerskola för klassen. De var på Ivö. På kvällen hade Gilla känt sig utanför och blev jätteledsen. Hon gick och satte sig för sig själv bakom en stuga. Det var bara en tjej i klassen som märkte det och gick och hämtade Marie. Sedan tog Marie tag i tjejerna och sa att de fick reda upp det. Det slutade med att de bar in Gilla i stugan.

På fredagen kom hab på besök till lägerskolan. De berättade om Gilla och hennes skador för klassen. Förhoppningsvis hjälper det och de börjar tänka på att behandla Gilla som en klasskompis och inte som något påhäng som de måste ta hand om. Gilla både ville höra vad hab sa men ändå ville hon inte vara med så hon följde med och hjälpte Marie att göra frukost undertiden.

Efter det paddlade klassen kanot. Gilla paddlade med Julia och Lina och råkade "duscha" Lina med paddeln.

När hon sen kom hem på kvällen var hon helt övertrött. Det är likadant varenda gång hon gör något extra och just sånt här är väldigt tröttande för henne.

I helgen var vi på Power Meet i Emmaboda. Gilla var fortfarande slut efter lägerskolan. Hon sov i bilen både på väg dit och på väg hem. Men ju mer hon får vila desto bättre.

Det märktes att i alla fall någon hade tagit till sig vad hab berättade på lägerskolan. Igår var det faktiskt en tjej som gick och satte sig hos Gilla i klassrummet. Hoppas att det släpper nu och att de tar in henne i gemenskapen. På rasterna hänger hon med klassen men jag tror inte att hon riktigt är med utan hon är ett litet bihang i utkanten känns det som.

På eftermiddagen var Gilla så trött att hon mådde illa men inte skulle hon hem. Det är sviterna efter lägerskolan och måndagar är tuffa dagar med få raster. Till råga på allt fick hon och några till kvarsittning så en av de få rasterna rök. Är väldigt kluven till det där. Hon ska inte behandlas annorlunda men de var och åt frukost. Det var därför de kom försent. Maten är väldigt viktig för Gilla. Hon måste äta ofta.

Nu när jag skulle väcka Gilla inför skolan ville hon inte gå upp. Hon är fortfarande slutkörd och hon mår illa. Det är bara att låta henne sova. Vi får se om hon bara tar en lång sovmorgon eller om hon blir hemma hela dagen.

Tors 6 sep 2007

Äntligen har det börjat släppa med kompisar för Gilla. 3 tjejer från en annan skola kom i Gillas klass nu vid sammanslagningen och de har börjat vara jättemycket med henne. Hon är en helt annan unge nu så glad är hon. Den ena tjejen ska till och med vara här i helgen.

Det blev som jag trodde förra tisdagen. Gilla var så trött att hon inte alls orkade till skolan den dagen. Hon tog en rejäl sovmorgon och sedan bara tog hon det lugnt resten av dagen.

Sjukgymnastiken förra veckan blev inställd för sjukgymnasten Lena blev sjuk. Men Gilla var nog lite glad att slippa det. ☺

I fredags var vi och skrev kontrakt med Malin, Gillas kontaktperson. Sen gick hon, jag och Gilla ut och fikade och pratade lite. Vilka planer de har för vad de ska göra. Någon gång ska Gilla ta med sig några kompisar och Malin några och så ska de till Laserdome. En annan gång får Gilla ta med sig några kompisar och så kör de till Väla. Jag tror att det blir hur bra som helst.

I söndags träffade Gilla sin kontaktperson för första gången. Vi började lite försiktigt och åkte dit. Men det gick jättebra. Något annat var inte att vänta.

På sjukgymnastiken den här veckan fick Gilla börja med att springa utomhus. Hon riktigt spurtade så Lena inte hann med. Problemet var bara att hon tog ut sig direkt och sedan orkade hon inte så mycket. Det blev lite hinderbana, styrketräning och balansövning men inte alls mycket. Eftersom Gilla är lite förkyld orkar hon mindre.

Vi fick beskedet att Gilla börjar på ridsjukgymnastik nästa vecka. De är två stycken som rider samtidigt. Fler går inte att ha för då hinner sjukgymnasten inte med. Gilla är lite orolig eftersom de ska rida barbacka men det är bara för att de ska kunna ha gympa på hästryggen samtidigt som de rider. Tror det blir jättekul för henne.

Just nu känns det som om hon håller på att köra ut sig helt. Hon är jättetrött om morgnarna och de få läxor hon har funkar inte riktigt. Jag måste hålla koll på det ordentligt så att hon inte blir helt slut.

Gillas egen lärare Marie är för rolig. Hon vågar inte släppa Gilla själv på lektionerna om något skulle hända. Det sitter i sedan hon vände ryggen åt Gilla på träslöjden och Gilla skar sig i handen. Igår var hon extra orolig för hon kunde inte vara med Gilla på Kost och hälsa. Gilla kunde ju bränna sig. (Fick reda senare på kvällen att Gilla nästan gjorde det med) Nåja... Någon gång börjar hon väl släppa Gilla lite mer...

Tis 11 sep 2007

I fredags var jag, Lizzy och Gilla på hab. Gilla träffade Lena som är specialpedagog, Lizzy träffade Elisabeth och lärde känna henne lite och jag träffade Ingrid och pratade praktiska saker. Puh det är mycket saker att tänka på. Mycket pappersarbete och sådant.

Tyvärr kunde Elin inte vara med Gilla i helgen. Var väldigt synd och Gilla blev rätt ledsen fast hon inte visade det (som vanligt). Men när man känner henne som jag gör märker man det direkt.

Det gick bra när ungarna jobbade på Jänkebilsträffen i Sösdala. Men på kvällen var Gilla jättetrött och vi fick köra hem. Klockan var ändå rätt mycket hon hade ju fått vara med på festen också ett tag.

Igår slutade ungarna skolan redan vid lunch. Vi passade på att köra in till Kristianstad och handla lite kläder. Efter några affärer var Gilla helt slut och orkade inte mer. Då hade vi ändå inte hittat höstjacka eller väska till hennes dator som äntligen har kommit. Jag hittade en bänk utanför Claes Ohlsson som jag placerade henne på sedan for jag och Lizzy in i affären och letade väska. Tillslut hittade vi en ryggsäck som såg ut att bli helt perfekt.

På morgonen idag tog Gilla sovmorgon. Hon var så trött efter helgen att hon inte orkade upp så hon sov lite längre och åkte sedan direkt till ridningen.

Det var Gillas första sjukgymnastikridning. Den första vi sprang på där var en kille och hans assistent som hade varit samtidigt som vi på hab-villan i Lund. Det var kul att se dem igen. Killen kände nog igen oss men kunde inte riktigt komma på varifrån. Vi var ju på fel plats för honom. ☺ Gilla fick en häst som hette Bingo. Den här lektionen var hon själv för den andra tjejen som skulle ridit

samtidigt som henne hade blivit sjuk. Balansen var jätte-
bra och enda gången sjukgymnasterna fick hålla i henne
var när hon skulle ligga på rygg på hästen. Men då hade
ju vem som helst trillat av. Hon fick gympa samtidigt som
hon red. Det var både ben- och armövningar. När vi åkte
därifrån frågade jag Gilla vad hon tyckte om det. Som tur
var gillade hon det. Det blir inga problem med att få
henne att fortsätta där. Nu ska vi bara övertala henne att
byta ut sina gymnastiktimmar i skolan mot extralektioner
i det hon missar när hon rider.

Tors 13 sep 2007

Idag var det dags för andra passet på ridsjukgymnasti-
ken. Marie, Gillas "egen" lärare följde med för att titta.
Fast hon inte gillar hästar något vidare vågade hon sig
fram och klappa Bingo som Gilla red på idag igen.

När vi kom till Hammarslunds ridskola stod där en rull-
stol. Vi skämtade lite om att det kanske var den andra
killen som var i Lund samtidigt som oss. Inte killen som
vi träffade på ridningen i tisdags utan en annan liten kille.
Rätt som det är så blir det liv i gången och när vi tittar
vem det är som kommer så visar det sig att det är killen vi
pratade om. Det var inte han som red just då men han
skulle rida samtidigt som Gilla. Snacka om lyckoträff.

Gilla kom lite i diskussion med sjukgymnasten. Först ville hon ha sadel men eftersom hon ska gympa på hästryggen så går inte det. Sen ville hon inte ha "skärpet" som hon har runt midjan men det gick inte att vara utan det. Det är till för att de som går bredvid ska kunna hålla i den om det behövs.

Jag och Marie gick på var sin sida om hästen när Gilla red. Men eftersom hon var stadig så kändes det rätt onödigt. Men sedan när de började trava blev det lite fart. Jag och Marie, som inte har nån kondis alls åkte på att SPRINGA. *Usch* ja... Hemska tanke... och syn... Ha ha ha... Då var det lite svårare för Gilla att hålla sig kvar på hästryggen. Hon har inte den styrkan än i benen som behövs för att knipa åt och hålla sig kvar. Då var "skärpet" verkligen bra att ha. Men jag kan lova att det inte var lätt att springa och samtidigt hålla i det och ändå se till att man inte drog i det så att hon trillade av...

På eftermiddagen ringde fritidskonsulenten på habiliteringen och undrade om Gilla ville gå på handikappridning. Gilla blev jätteglad när jag frågade. Motkravet från hennes sida var att hon skulle få ha sadel. Det fick hon dispens med precis som hon fick dispens med att få rida. Egentligen skulle man vara 12 år eller yngre men eftersom hon går på ridsjukgymnastiken så fick hon vara

med där med. Nu återstår bara att se om de får ihop till-
räckligt med ryttare så de kan dra igång en grupp.

Fre 21 sep 2007

Förra fredagen träffade Gilla sin kontaktperson Malin
igen. Hon var med oss på cruisingen och tog hand om
Gilla. Det har inte riktigt gått in i huvudet på Gilla än att
det har kommit igång med kontaktperson för så fort hon
skulle något frågade hon mig. Det var bara att hänvisa till
Malin. Nåja hon vänjer sig fort och det kommer att bli
jättebra.

På lördagen var vi på kräftskiva hos Linas mamma Gu-
nilla. Vilken kanonfest det var. Gilla fick äntligen träffa
Emma igen. De var helt vilda. De fick för sig att de skulle
sminka några killar och någon rakade de av skägget på.
Fast där fick de hjälp. Jag hade inte velat vara i hans klä-
der om man släppt loss dem med rakhyvel. Gilla hade så
kul så hon ville inte åka hem. Tyvärr var vi tvungna att
tvinga hem henne så hon inte blev helt slutkörd. Det var
ju mycket folk, liv och musik och det är ju jättejobbigt för
henne. Hon erkänner ju inte sådant så där får man vara
stenhård.

I tisdags fick Gilla en ny häst på sjukgymnastridningen.
Han heter Hampus och är större än Bingo. Det var bra för

hon sitter mycket bättre på honom. Bingo var lite för liten för henne.

Tisdagen var en mycket jobbig dag för Gilla. Först hade hon ridsjukgymnastik på förmiddagen. Sen cyklade hon med skolan på eftermiddagen. Efter det följde Angelica med henne hem. Det visade sig att det blev alldeles för mycket på samma dag. Gilla var så slut på onsdagen att hon mådde illa. Hon fick åka hem från skolan och fick vara hemma både torsdag och idag med för att vila upp sig. Nu har jag iaf lärt mig att det går absolut inte att lägga flera saker på samma dag. Det verkar ju inte vara jobbiga grejer men det är det för någon med hjärnskador.

Ridningen igår gick också mycket bra. Man känner sig väldigt liten när man går mellan Hampus och väggen. Skulle han få ett ryck har man inte en chans. Han är ju lite stingslig med och skyggar oftare än Bingo. Litar inte riktigt på honom men hade inte ridskolan litat på honom hade han ju inte fått användas på handikappridningen. Nu väntar vi bara på att de ska få ihop tillräckligt med elever för att vanlig handikappridning ska komma igång. Då har Gilla blivit lovad att hon ska få ha sadel när hon rider. Hon gillar ju inte riktigt att rida barbacka.

Fre 28 sep 2007

Nu är jag inne i en sån period igen då jag har jättesvårt att sova. Jag tror att det beror på att Gillas operation närmar sig. Ringde sjukhuset igen för att se om hon blivit uppsatt på någon tid än men det hade hon inte. Det enda de kan säga är att det blir nu under hösten och så är hon uppsatt på återbudstid så skulle någon lämna återbud får hon den tiden istället.

Vi har gått med i några föreningar för hjärnskadade och för någon dag sen fick vi hem broschyrer och sådant från den ena. Där var en liten informationsskrift som hette: Traumatisk hjärnskada och Vägen tillbaka. Den var verkligen bra att läsa för då fick jag lite hjälp att tolka Gillas läkarjournaler.

Några skador Gilla hade var bl.a. Diffus hjärnskada, Fokal hjärnskada, Subaraknoidalblödning och andra hjärnskador. Följande text är taget direkt från skriften;

Fokal hjärnskada = Skada som är väl lokaliserad. Fraktur, blödning och kontusioner av olika slag. En kontusion kan liknas vid ett blåmärke i nervvävnaden.

Diffus hjärnskada = primär skada som uppstår till följd av hjärnans rörelse efter det direkta i slaget och är i lindrigare fall det som i dagligt tal kallas hjärnskakning. Allvarligare diffusa skador orsakas av att små kärl och nerver slits av. Dessa nervskador kan ibland vara så allvarliga att de blir bestående.

Subaraknoidalblödning = uppstår mellan den tunna hjärnhinnan och hjärnvävnaden. Även denna typ orsakas av en skada på ett kärl.

I journalen stod även att Gilla låg på 4 i Glasgow Coma Skalan. Poäng 3 betyder en medvetslös patient och dåligt tillstånd. Poäng 15 är en helt vaken patient utan neurologiska bortfall. Eftersom Gilla hamnade på poäng 4 kan ni ju bara tänka er i vilket dåligt skick hon var när ambulansen kom. För att få fram poängen gör ambulanspersonalen 3 tester. De testar motorik (1-6 poäng), ögon (1-4 poäng) och verbalt (ljud, tal) (1-5 poäng). 1 är man i sämst skick. Om jag har förstått allt rätt så fick Gilla 1 poäng på motorik; ingen reaktion på smärtstimuli. 1 poäng på ögon; öppnar inte ögon. 2 poäng på verbalt; endast obegripliga ljud.

Ridsjukgymnastiken har gått bra. Fast Gilla är lite trött på den sjukgymnasten för hon behandlar Gilla som om hon klarar mindre än hon gör och hon "stirrar" även upp allt lite. Idag var det möte med habiliteringen. Jag, Gilla, Marie (Gillas egen lärare) och Carina (en av Gillas klassföreståndare) var där. Då tog Gilla upp det här med sjukgymnasten på ridningen så de på habiliteringen skulle prata lite med henne om det.

När vi körde till mötet visade Gilla lite prov på sitt humör igen. Hon sa till mig att de inte tagit några enskilda. Eftersom hon ibland pratar lite sluddrigt hörde jag inte vad hon sa och så förstod jag inte vad hon menade. Hon fick säga det flera ggr och ändå fattade jag inte. Tillslut blev hon skitsur och jag lyckades få fram att hon menade att de inte tagit enskilda foton i skolan än. Det här är sådant som händer ibland och då blir det ju lite konflikter. Men när vi kom fram till habiliteringen hade hon blivit på bättre humör igen.

När mötet var slut såg vi på Gilla att hon var jättetrött. Det är tufft i skolan nu och vi beslöt att Gilla skulle åka hem och vila sig och göra vad läxor hon orkade. I tisdags fick hon till och med ta sovmorgon för att orka med skolan. När vi körde från mötet blev Gilla lite orolig att det skulle räknas som skolk men jag lugnade henne med att jag, Marie och Carina kommit överens om det så det var ingen fara.

Tis 9 okt 2007

Hittade en annan sak i Gillas journaler. Där stod RLS 7 (reaktionsgradskala). På nätet stod det så här om det: Ej kontaktbar. Om patienten ej är kontaktbar är han medvetslös och för att bedöma patienten måste man använda smärtstimulering. Patienten kan då inte avvärja smärta men svaret på smärtstimulering varierar beroende på graden av medvetslöshet. RLS 7 Stereotyp sträckrörelse vid smärta. Vid central eller perifer smärtstimulering gör patienten sträckrörelser med armarna eller benen. OBS! Ingen böjrörelse får förekomma. Om både böj- och sträckrörelser förekommer, så noteras böjrörelsen, dvs det bästa svaret. Ska tilläggas att skalan slutar på RLS 8.

Förra veckan hade Gilla sina sista sjukgymnastikridlektioner. Nu fick hon ha sadel för första gången och det gillade hon skarpt. Sen fick hon även styra hästen helt själv för det mesta. Innan har den som ledde hästen även styrt den. När hon skulle trava i tisdags fick hon upp sån fart att det nästan blev galopp. Snacka om att jag fick springa för att hinna med och ändå hann jag knappt med. *Puh* Det tog rejält på krafterna. På torsdagen slapp hon även bältet som hon har varit tvungen att använda de andra gångerna. Tror att det är någon försäkringssak som gör att hon måste ha det. Bältet har handtag som de som går bredvid ska ta fatt i om ryttaren håller på att trilla av eller om ryttaren är väldigt ostabil ska man hålla i dem hela tiden. Men Gilla har ju varit så stabil att vi inte har behövt använda dem.

I lördags var Gilla med sin kontaktperson Malin. De fönstershoppade (Malin köpte skor som vanligt ☺), sen gick de och åt och till slut gick de på bio. När de kom tillbaka sa Malin att Gilla aldrig mer får dricka coca cola. Kan det vara så att hon fick en koffeinkick som vanligt??? Hi hi hi... Malin hade varit lite nervös över att Gilla inte skulle klara av att vara stilla på bion bara för det, men det gick bra. Nästa gång bestämde de att de bara skulle shoppa. Oj vad pank jag kommer att bli. :-)

I måndags var Gilla helt slut så hon tog sovmorgon. Vad jag än frågade henne när jag försökte väcka henne så fick jag bara; aaaaaaaah till svar...

När Gilla väl kom till skolan var praktikanten redan där. Gilla och Marie ska ha en tjej som heter Lizett hos sig i ett antal veckor. Hon läser Barn och fritid med inriktning på Barn med speciella behov så det passar ju utmärkt att hon är hos dem. Undrar bara hur länge hon står ut. Ha ha ha...

Idag hände det som jag har väntat på länge. Gilla har fortfarande svårt med balansen och det händer att hon trillar. Det gjorde hon i skolan idag så hon stukade handleden. Tur att det inte tog värre utan att skolsystern kunde linda handleden.

Fre 19 okt 2007

Nu har jag börjat titta lite på olika förlag med tanke på att många vill att jag ger ut min blogg som bok. Problemet är bara att jag inte vet när bloggen är "klar" så att jag kan skicka in den till förlagen. Har mina funderingar på att avsluta när det gått två år från olyckan men jag vet inte riktigt.

I lördags var Gilla med sin kontaktperson Malin igen. De tog en rejäl shoppingtur till Kristianstad. Tur att de tog mycket pengar med till fika för det blev många fikapauser eftersom det är jobbigt för Gilla att gå i affärer så hon behöver "mappa" mycket. (För er som inte läst bloggen innan så betyder "mappa" pausa) När de kom tillbaks var båda helt färdiga men planerade ändå vad de skulle göra nästa gång de träffades.

Just nu är Gilla väldigt trött. Beror mycket på hormoner och sådant också eftersom hon kommer in i tonåren nu. På grund av hennes hjärnskador märker hon av det myck- et mer än vad andra gör. Igår tog hon sovmorgon och sen ringde hon från skolan på eftermiddagen och ville att jag skulle hämta henne för hon orkade inte mer.

Gilla var på första handikappridningen igår. Tyvärr kom det inte igång i Kristianstad dit vi först hade anmält oss men som tur var hade de plats för henne här i Sölvesborg på Bokeslätt. Här ingår även att de ska rykta hästen innan de sadlar den. Kanonbra för då övar hon även upp högran lite. Sen fick de sadla och tränsa själva. Det som är bra här är att de handikappade går i en "vanlig" grupp. Det blir precis som en vanlig ridlektion. Först kände Gilla sig nog lite utanför för hon trodde att hon var den enda som var handikappad där men det visade sig att där fanns en till som gick där och då kände hon sig genast mycket lugnare. Det här passet skulle de rida ut i skogen. Gick jättebra. Behövde inte leda Goliat alls utan Gilla fixade det helt själv. Hon till och med travade i skogen. Kan lova att det inte var lätt att springa bredvid och hålla lite koll på henne.

Nu äntligen kommer det igång att jag ska ha lite tid med bara Lizzy. Hon fick välja vad vi skulle göra och då valde hon naturligtvis att vi skulle rida. *Suck* Riktigt ser framför mig hur jag ligger och krälar på marken för att jag trillar av hela tiden. Hi hi hi... Men det bjuder jag på. Tror jag väljer att rida Goliat för då trillar jag inte så långt. ☺

Tis 6 nov 2007

Förra gången Gilla var och red ville hon rida helt själv utan att jag gick bredvid. Det gick bra ett tag sedan blev hon nog rädd och ville att jag gick bredvid. En gång när hon försökte galoppera höll hon på att trilla av innan hon fått riktig fart så det gick inte så bra.

På helgen skulle hon egentligen sovit över hos sin kontaktperson men eftersom dennes sambo blev sjuk så fick de hoppa över det. Blev en lugn biokväll istället. Först var det tänkt att de skulle gå på bion i Bromölla men eftersom Malin blev försenad på grund av trafikolycka (inte hennes som tur var) så hann de inte dit. Jag fick ett ryck och kollade upp bion här i Sölvesborg. De hade tur. Samma film gick där och de hann till den.

Veckan innan lovet var Gilla helt slut. Det var inte mycket hon var i skolan. Fast hon mådde inte riktigt bra heller men jag tror att det berodde på att hon var helt slutkörd.

Det var meningen att Gilla skulle rida på lovet med men hon orkade inte så hon hoppade över det. Hon var fortfarande helt slut. Det var tänkt att hon på lovet, skulle ta igen det hon missade i skolan veckan före, men eftersom hon fortfarande var slut så gick det inte. Jag tyckte det var bättre att hon fick vila upp sig ordentligt.

De hade lovaktiviteter på rehabiliteringen och Gilla valde att klättra klättervägg. De var två stycken, den andres mamma och fritidskonsulenten som klättrade. Gilla provade alla tre väggarna. På den lätta kom hon upp till toppen. På den medelsvåra kom hon ca 2/3 upp och på den jättesvåra kom hon bara en liten bit. Men då var hon trött och då var det inte konstigt att hon inte kom längre.

På fredagen på lovet hade båda ungarna Halloweenfest här. Båda klasserna var bjudna. Sammanlagt ca 40 ungar. I vårt lilla hus... *Puh* Eftersom vi inte visste hur många som tänkte komma fick jag handla godis därefter. Handlade nästan 10 kg och det blev ca 7 kg över. Ändå var de ca 25 st som var här men de åt knappt något godis. På natten sov Lina över hos Lizzy och Angelica sov hos Gilla.

Dagen efter när alla väl kommit upp (fast det såg ut som om de skulle på Halloweenfest då med med tanke på morgonfrisyrerna) spelade Gilla och Angelica TV-spel. De spelar alltid Eye-toy när hon är här. Är kanonbra träning för Gilla. Och ändå har hon kul.

Igår var jag och Gilla på fritidskartläggning. Där fick hon berätta vad hon ville göra, kunde tänka sig prova på och absolut inte ville göra. Det blev en hel del som hon ville göra. Allt från att spela musik till agility. Nu ska fritidskonsulenten sammanställa det och kolla upp vad som finns och vad det kostar. Sen återstår att se vad det blir av det.

Tis 13 nov 2007

Förra veckan var vi på möte om Gillas kontaktperson. Det var ett uppföljningsmöte om hur allt har gått och om något behöver ändras. Gilla hade önskemål om att få lite mer tid med Malin. Väntar på besked hur det blir med det. Som läget är nu hade det varit jättebra för hon behöver komma iväg mer med någon som inte tillhör familjen.

Just nu är det väldigt kaotiskt här. Jag vet inte om olyckan börjar komma i fatt Gilla nu eller om hon känner sig sviken för att hon inte har några kompisar. De senaste veckorna har hon mått väldigt dåligt och inte varit sig lik alls. Det har varit prat om självmord vilket verkar vara rätt vanligt hos ungdomar med sådana skador som Gilla har men vi ligger i full beredskap och alla har koll på henne. Jag larmade rehabiliteringen direkt när jag kom på det. Hon ska dit och prata med dem och se vad de kan göra för att hjälpa henne. För tillfället är hon rätt aggressiv emellanåt och uppför sig väldigt illa mot folk som hon aldrig i livet skulle uppföra sig så mot annars. Det är ju inte den Gilla vi känner. Hon till och med struntade i att hon skulle träffa sin kontaktperson så där fick hon byta dag. Då är något fel när hon "offrar" Malin.

Vi har fortfarande inte fått någon tid för ögonoperationerna. De har sagt att det ska bli i år men nu börjar jag undra. Året är ju snart slut. Jag vet att Gilla längtar tills operationen för sen känner hon sig mer som de andra i klassen. Det syns ju inte så mycket utanpå henne då att hon varit med om en olycka, när de har rätat upp ögat.

Bijeda F28 Från Sölvesborg Hoppas allt löser sig....

SoftLisaso F39 Från Halmstad Usch så jobbigt...*kramar om*...

Mån 19 nov 2007

Nu har vi varit på rehabiliteringen i Kristianstad och pratat om vad som kan göras för att Gilla inte ska må dåligt.

Det har blivit så här av många orsaker. Hon börjar komma i tonåren med allt vad det innebär, hösttrötthet och olyckan börjar "komma ikapp" henne. Allt detta gör att hon blir helt slut i hjärnan så fort det är minsta lilla intryck som hon inte är van vid. Det kan vara allt från att vara och handla till att vara på något ställe som hon inte är så ofta. Då blir hon helt slutkörd och får sina utbrott.

Först och främst har jag och Marie satt oss ner och gått igenom Gillas schema i skolan. Där har vi bestämt vilka dagar hon ska sluta tidigare och när hon ska ha sovmorgon. Som det är nu orkar hon inte hela dagar i skolan utan vi måste begränsa dem.

Sen har vi fått ett schema från rehabiliteringen där vi ska fylla i datum och klockslag när hon är trött, när hon får utbrott och så vidare. Och även vad vi gjorde då. Allt detta för att lättare komma fram till vad det är som utlöser allt och hur vi kan göra för att hjälpa henne.

Nu är det ännu viktigare med strukturer och att hon får lugn och ro så att hon kan återhämta sig.

Läkaren beslöt att vänta med medicineringen lite. Känns skönt för jag gillar inte en massa mediciner men kan det hjälpa Gilla får ju jag stå ut.

I fredags var Gilla och bowlade med sin kontaktperson Malin. Gilla hade även Lina (en klasskompis) med sig. Verkar som om alla tre hade kanonkul. Inte ofta man ser Gilla så glad som hon var när de kom hem.

Tiden när Gilla är iväg med Malin är det tänkt att vi ska använda till att hitta på något kul med Lizzy med. Men hon svek oss och drog iväg. De hade en riktig filmkväll med mycket godis. Bara hon har kul är jag nöjd. Vi får väl ta igen den tiden någon annan gång istället.

Hobson F59 Från Sölvesborg Hejsan Vi sågs i affären idag, du såg så glad ut och pigg. Skönt att Gilla har det skoj med kompisarna när dom bowla, m.m. Det är säkert jobbigt att komma i tonåren´+ Gillas olycka. Jag tänker på er fast jag inte skriver så ofta Kram Nettan

Tis 27 nov 2007

Vilken skillnad det är på tjejen nu. Efter att vi hade varit på rehabiliteringen och träffat dem och pratat med dem om hur Gilla mår så blev hon helt annorlunda. Hon har blivit gladare och spralligare igen. Det är bara sååå skönt.

Det hjälpte att vi har kortat ner några av hennes skoldagar. Hon är fortfarande trött men inte fullt så mycket.

I helgen sov hon över hos Lina. Var knappt att jag fick hem henne. Men hon behöver träffa utomstående i hennes ålder som inte tillhör familjen så hon får känna sig som andra ungar i den åldern.

Nu har Gilla fyllt tonåring. Min lilla "bebis" har blivit stor. *Snyft* Men men... Det är ju sånt man inte kan göra något åt. I söndags var det fullt kalas här och igår när hon fyllde år kom plastkusinerna och Jörgen och grattade henne. Hon fick världens frispel när hon fick en hel drös med grodor av oss. Var bara tvungen att ta kort på det och skicka till hennes egen fröken Marie. Sen ringde Marie och skällde på oss för att varken jag eller Gilla sagt till henne att Gilla fyllde år. Men hade hon tittat i sin kalender så hade hon ju sett det där. Hon har ju själv skrivit upp det där. ☺

Äntligen har datumet för Gillas operation blivit bestämt. Hon är helt överlycklig men börjar nog bli lite nervös. Hon frågade mig hur hon kommer att se ut och jag svarade som det var att det kommer att se ut som hon fått världens blåtira. Men den lägger ju sig och förhoppningsvis (om operationen går bra) så skelar hon inte mer. Synen och pupillen kan de inte göra något åt men jag vet att det är skelningen som hon varit mest bekymrad över. Det är ju den som mest visar att hon råkat ut för något och så hennes sätt att röra sig förstås men det syns inte så mycket. Hon vill ju vara lika "normal" som de andra och vill inte att det ska synas utåt att hon inte är det. Nu håller jag bara tummarna att inget inträffar så att operationen måste flyttas.

SoftLisaso F39 Från Halmstad Skönt att Gilla mår bättre... Höärligt att ni också fått datum för op.

Fre 14 dec 2007

En dag upptäckte jag några konstiga märken på Gillas handled. När jag frågade henne om det sa hon att hon trillat i taggbuskar. Marie hade också sett de här märkena plus lite skrapmärken och hade fått samma svävande svar. Vi kom på att Gilla inte var riktigt ärlig mot oss och misstänker att hon "rispat" sig i handleden. Så nu har vi ännu mer koll på henne.

I fredags var jag och pratade med psykologen på hab och berättade om mina och Maries farhågor så de kommer också att kolla med Gilla.

I måndags var det möte på hab med Marie och Carina från skolan. Vi kom fram till att eftersom Gilla är trött under dagarna ska det även läggas till en vilostund mitt på dagen. Nu håller jag på att ragga tag på en soffa eller något sådant som de kan ställa i Maries rum.

I onsdags åkte jag och Gilla till Lund inför operationen. Vi bodde på patienthotellet. Gilla var lite sur över att de inte hade några datorer där. När vi kom ner undersökte de Gillas öga. Synen hade förbättrats en hel del. Innan såg hon 3:e eller 4:e raden. Nu såg hon 7:e. Sen träffade vi läkaren som var kanonrolig. Gilla satt bara och skrattade när han jämförde hennes ögon med mopeder och motorcyklar. Sen jämförde han dem med Volvo och Porsche och någon gång drog han likheten med parhästar som drog åt olika håll. Det han menade var att de "jobbar" olika mycket. Det friska ögat flyttar sig som det ska medan det skadade inte är lika rörligt. Efter läkaren träffade vi narkosläkaren. Tyvärr är de väldigt hårda i Lund med att bara en person får vara med när barnet sövs. Inte alls bra.

Efter att alla möten var avklarade gick vi till Hab-villan och hälsade på. Det var bara Inga-Gull och Anki som var kvar. De andra hade slutat för dagen. Först bara stirrade Anki på Gilla när vi kom sen reagerade hon på vem det var och kastade sig om halsen på henne.

När vi gick från Hab-villan passade vi på att handla lite mat i korvkiosken eftersom maten på hotellet inte var ätbar enligt vår smak.

På kvällen fick Gilla ett jättefrispel och bara dummade sig. Lät som vi hade fått in ett helt gäng katter på hotellrummet.

Torsdagen kom och operationen närmade sig. Gilla fick lugnande medel eftersom hon blev så dålig sist hon sövdes. När det sen var dags för henne att göras vid inför operationen var hon så hög att hon bara låg och fnittrade. Hon låg inte still fem sekunder ens så de spräckte två blodkärl i handen när de försökte få in kanylen. Det slutade med att de fick söva henne med mask. Innan hon somnade hann hon kommentera att lamporna i taket stirrade på henne. Jag lyckades hålla mig tills hon somnad sen bara brast det. Kvittar nog hur många gånger jag ser henne sövd. Varenda gång kommer jag att se framför mig hur hon ligger medvetslös och jag inte vet om hon vaknar upp och i vilket skick i så fall.

Operationen gick jättebra och ögat blev kanonfint. Var en aning äckligt med trådarna som hängde ut genom ögat. Läkaren hade lämnat dem så för att han skulle kunna "ställa" ögat i rätt läge om det behövdes, genom att dra i dem. Gilla var jätteduktig när han sen knöt ihop dem och klippte av dem. Jag hade nog dött. I alla fall skrikit och tjutit...

Idag var det återbesök hos läkaren som hade opererat Gilla. Hon hade sovit på natten men mådde inte vidare bra. Som tur var hade vi rullstolen med oss och hon fick åka i den idag med. När läkaren hade tittat klart sa han till Gilla att lika ont som operationen gjorde - lika hårt fick hon slå honom i magen. Han blev väldigt nervös när jag sa att det hade jag aldrig låtit henne göra. Men Gilla vågade inte slå honom och efteråt sa hon att operationen gjorde ju inte ont eftersom hon var sövd, därför kunde hon inte slå honom.

Hon ser fortfarande dubbelt och vi vet inte om det blir helt bra. Blir det inte det får hon problem när hon ska ta körkort. Man får ju inte köra bil om man ser dubbelt. Läkaren sa att det går att lösa med hjälp av en kontaktlins som är svart i mitten. Då använder hon bara det bra ögat. Men men... Vi får se vad som händer.

När vi körde hem körde vi inom Hab-villan igen. Nu var det lite fler personal där och alla blev lika glada. Psykologen Cristina berättade lite mer om lägret nästa sommar som Gilla kommer att få en inbjudan till.

Vi körde även inom skolan så att Marie fick träffa Gilla. Hon hade varit så hispig över operationen så jag tyckte det var bäst att hon fick se att allt gick bra. Klasskompisarna blev också glada över att träffa henne.

Sedan skulle hon inom Gunilla och visa upp sig. Gunilla har verkligen ställt upp för hon körde och hämtade Lizzy på skolan i torsdags. Sedan fick Lizzy vara hos dem ett tag.

Gilla har inte haft jätteont efter operationen men nu ikväll ville hon ha värktabletter.

Personalen på apoteken i Lund är verkligen helt underbara. Salvan som vi hade fått utskrivet var slut hos tillverkaren. Tjejen på apoteket ringde ett annat apotek som hade kvar och tjejen där i sin tur körde det till apoteket vi skulle hämta ut det på, när hon körde hem från jobbet.

Salvan var vi tvungna att använda för läkarens skull. Annars kunde det bli så att Gilla vaknade på natten för att ögat kändes konstigt, hon väckte mig, jag i min tur blev hispig och ringde läkaren mitt i natten och läkarens fru vaknade av telefonsignalen och blev förbannad på läkaren. Ha ha ha... Snacka om att få till det...

På måndag sa läkaren att Gillas ögonlock fick gå till skolan, sen fick jag bestämma om resten av Gilla fick följa.

Tors 27 dec 2007

Nu har vi varit och lämnat rullstol, kudde, ramp och sits till badkaret. Gilla tyckte nog att det kändes lite konstigt men samtidigt skönt. Nu är ju det kapitlet avslutat.

En kväll var vi på bio. När vi körde hem diskuterade Gilla med Lizzy hur många hjärnceller hon har.

Lizzy: Du har 2 hjärnceller. En som åker rullstol och en som skjuter på.

Gilla: (Helt allvarligt) Men jag har ju lämnat tillbaks rullstolen...

Jösses vad vi skrattade.

Ögat läker bra och det ser jättefint ut. Vi har slutat med salvan. Hon är fortfarande röd i ögat men det kommer hon att vara ett par månader. Den lilla svullnaden som var har lagt sig rejält.

Vi fyller fortfarande i Gillas "trött- och utbrottsschema". Det är bara för att vi ska kunna se vad det är som gör att hon blir trött och att vi då kan hjälpa henne så att det inte blir så.

Hobson F60 Från Sölvesborg Hejsan Vill önska er ett riktigt GOTT NYTT ÅR Skönt att bli av med hjälpmedel då vet ni att allt blir bra, ha det gott Kram Nettan

Sön 20 jan 2008

Förra veckan när Gilla träffade sin kontaktperson Malin tog de det bara lite lugnt och gick ut och åt. Sen gick de på bio. Fast det räckte för att Gilla skulle vara helt slut sen.

Gilla är lite besviken över ögonoperationen. Fast jag hade försökt förklara för henne att ögat antagligen inte skulle bli helt bra igen hade hon ändå hoppats på det. Nu tycker hon det känns rätt kasst att hon fortfarande ser dubbelt och att ögonlocket hänger lite. Både jag och hab har försökt förklara för henne att båda ögonen aldrig ser likadana ut på någon. Förhoppningsvis kanske det hjälpte henne lite.

På grund av besparingar ska Marie, Gillas egen lärare i klassen bytas ut mot en ny. Det är inte alls bra för det är först nu som Gilla verkligen har börjat få förtroende och litar på henne. Gilla kommer att tappa ett helt år om det kommer en ny. Det tar ju jättelång tid för den nya att lära känna Gilla och tvärtom. Sen måste hon lära sig att läsa av Gilla och agera därefter. Gilla kommer att förlora alldeles för mycket om Marie byts ut så nu har jag börjat kämpa för att Gilla ska få behålla henne. I värsta fall kommer jag att gå till tidningarna. Blir så f....d över dessa politiker som inte ser till den enskilda individen och vilka konsekvenser det får bara för att de ska spara några kronor. Inget ont mot den nya läraren. Det blir säkert jättebra med en ny lärare men inte just nu. Gilla är inte i det läget att det funkar.

Det verkar som om Gilla äntligen ska få en brits in i hennes och Maries rum. Det är kanon för då kan hon äntligen få liggande vila under dagarna. Ska bara köpa någon filt och lite kuddar så den blir lite mysigare.

Tors 7 feb 2008

Nu slåss jag på fullt allvar för att Marie ska få stanna hos Gilla. I fredags var vi i tidningen men det verkade inte hjälpa så nu har jag mailat TV-programmet Kalla fakta. Fast jag tror inte de tar upp det men man kan i alla fall försöka.

Den här veckan har Gilla varit fruktansvärt trött. Hon var trött redan på förmiddagen i skolan. Nu hade vi verkligen behövt ha dit britsen. Jag har varit i kontakt med rektorn. Där fick jag till svar att skolsköterskan skulle iväg och titta på nya möbler och att Gilla sedan skulle få ner britsen.

Igår träffade Gilla sin kontaktperson igen. Skulle eg. varit i helgen men eftersom Malin hade fått hoppa in extra på sitt jobb så fick det bli mitt i veckan. Det blev en filmkväll med mycket godis. Skönt med en lite lugn kväll för Gilla.

_Bavaria__ *F40 Från Halmstad* Hejja hejja! På dem bara! Djääävla skit att plocka bort folk som gör stor nytta...

Fre 22 feb 2008

Nu är det sista dagen på sportlovet och Gilla har verkligen vilat upp sig. Hon bestämde sig för att vara hos bonusfarmor och bonusfarfar under veckan. Det är bra för då får hon vila rejält men ändå ha lite kul. En dag gick hon på pizzeria med sin ena bonuskusin och dennes kompis. De fick nog en koffeinkick alla tre av colan för de hade tydligen varit helt fnittriga.

Igår var Gilla med sin kontaktperson Malin. De gick en runda i Kristianstad sedan åkte de hem till Malin och lagade middag. Gilla fick hjälpa till att göra köttbullar. På kvällen åkte de och bowlade. Det gick tydligen inte vidare bra för Gilla men hon var lika glad ändå.

Idag var vi en runda på hab igen. Gilla fortsatte med kartläggning av sitt liv och jag träffade kuratorn och vi pratade lite praktiska grejor.

Sen var det full rulle hem för där skulle tidningen Expressen möta upp. De ska skriva ett reportage om att kommunen byter ut Gillas lärare mot en annan. Hoppas att det hjälper när de stora tidningarna lägger sig i... Det blev många foton tagna. Gilla hade lite problem för hon skulle se allvarlig ut på fotona men bara fnittrade. Hoppas han fick några bra foton i alla fall... Ska bli kul att se dem. Fotografen lovade att maila över dem till mig.

Lör 22 mar 2008

Det har varit några väldigt tuffa veckor för Gilla. Hon är så uttröttad att hon har bara varit i skolan för den sociala biten. Något annat orkar hon inte med just nu. Det är allt som händer runt henne just nu som gör att hon är helt slut och inte mår vidare bra. Först Marie (hennes lärare) som inte får stanna och så ska hennes kontaktperson Malin flytta efter sommaren så där blir med en ny person.

Gilla har varit mycket i tidningarna och radion nu om att hennes lärare får sluta. Tyvärr är den ansvarige en riktig åsna och ser inte alls till barnens/barnets behov när han beslutar saker. Inte ens intyg som jag har skickat in hjälper. Han bryr sig inte ett dugg.

Gilla och Renata Chlumska (en känd äventyrerska) är med i en broschyr från grossisten av cykelhjälmarna som hon hade på sig vid olyckan. Broschyren blev jättebra och hon är lite mallig fast hon inte vill visa det riktigt.

För ett tag sen var Gillas klass på utflykt. Då blev jag faktiskt lite besviken på hennes klassföreståndare. De hade planerat att de skulle gå 1 1/2 mil och tänker inte på att de har Gilla i klassen. Först efteråt kom de på att hon inte klarar av att gå så långt. Det slutade med att vaktmästaren hämtade upp henne här hemma och körde henne till utflykten där de andra nästan var framme så hon fick vara med och gå sista biten och hon var även med på grillningen. Men hon ville ju varit med hela tiden. De kunde ju lagt en kortare runda och sen haft lite lekar och sådant så hon kunde varit med mer. Klassföreståndarna har ju haft henne i klassen nu snart ett år och borde kommit ihåg att de har ett barn med speciella behov i klassen.

Eftersom Gilla är slutkörd just nu får hon och hennes kontaktperson hitta på lite lugnare saker istället. Det har blivit väldigt mycket bio och spel här hemma. Problemet är bara att när vi sen vill gå på bio med henne har hon ju redan sett alla filmerna. Men men... Det är sådant man får ta.

Lizzys marsvin dog för ett litet tag sen. Hon fick en sån jättereaktion. Jag tror att hon fick ur sig lite av allt som har hängt över henne med Gillas olycka. Det var skönt att hon fick ur sig lite men jättesynd att marsvinet dog. Nu har hon en kanin istället som hon verkligen engagerar sig i. En väldigt fluffig sak som ser ut som en morgontoffel när hon ligger på golvet. ☺

Nu börjar det närma sig den magiska 2-års gränsen då jag tänkte avsluta den här bloggen. Känns lite konstigt att sluta men jag känner att just nu händer inte så mycket som är värt att skriva om. Kanske att jag skriven någon gång då och då men vi får se. Sedan får jag fundera och prata med Gilla om hur vi ska göra, om vi ska ge ut den som bok eller inte.

Lör 12 apr 2008

Det har varit jobbiga veckor för Gilla. Just nu är hon inne i en "down period" så hon orkar inte mycket. Veckorna före påsklovet var hon bara i skolan för den sociala bitens skull. Hon hängde inte alls med på lektionerna och läxor och prov var inte att tänka på.

Eftersom hon är så trött får Gilla och hennes kontaktperson Malin hitta på lugna saker. Sist de träffades var de här och vi satt och spelade en massa spel. Sen lagade de middag till oss allihopa. De gjorde köttbullar.

Nu är kartläggningen klar på habiliteringen. Gilla har fått svara på en massa frågor inom olika områden med hjälp av kort. Det var allt från hemma till kompisar. Så fort de har sammanställt det ska vi få reda på vad de kom fram till. Såna här kartläggningar gör att de ser bättre vad som behöver förbättras, hur de/vi kan underlätta vardagen för Gilla och vad som behöver ändras.

Det här läsåret har det inte varit någon EVK på skolan om Gilla. Den nye rektorn har inte förstått behovet av det. Hab tyckte inte alls att det var bra så nu har jag sagt ifrån att vi ska ha ett möte. Tyvärr kunde hab inte komma just det datumet så nu håller vi på att försöka ändra det. Inte lätt när så många olika är inblande.

Jag har även börjat titta på lite olika gymnasium till Gilla. Det är ju ett par år kvar men vi måste ändå börja titta runt eftersom hon antagligen inte kommer att klara av att gå i ett vanligt. Det skulle vara om hon får väldigt mycket anpassad studiegång. Tyvärr är hon nog inte berättigad att gå på Riksgymnasiet i Kristianstad. Annars hade det varit helt perfekt. Där ingår habilitering under skoldagen. Kriterierna var att de skulle vara rörelsehandikappade och det är hon ju inte (som tur är).

Nu är det bestämt att Malin ska flytta efter sommaren så nu gäller det att hitta en ny kontaktperson. Inte det lättaste. Det måste vara en ung tjej med Gillas intressen och som har körkort. De flesta i den åldern har ju fullt upp med annat men jag får fortsätta leta. Socialen letar också för fullt.

Lör 26 apr 2008

Idag är det exakt 2 år sen olyckan hände och jag tycker att det börjar bli dags att avsluta den här bloggen. Det är möjligt att jag kanske då och då skriver en rad om det hänt något särskilt.

Förra veckan igen hände verkligen något roligt. Gilla har ju mist alla sina kompisar som jag tidigare skrivit. Hon har kompisar i skolan men ingen hör av sig till henne på fritiden.

Förra veckan igen var hon för första gången på fritidsgården i Norje. Hon stannade där helt själv fast hon inte kände en enda där förutom en av fritidsledarna. Helt plötsligt stod en tjej och tittade på henne och Gilla gick fram och började prata. De spelade pingis och hade hur kul som helst. Tjejen heter Jennifer och är jättegullig. Gilla lärde även känna några andra tjejer och killar där men Jennifer blev lite speciell. De bestämde att de skulle träffas på "Havvan" på torsdagen igen. På lördagen hade vi bilutställning med jänkebilarna och när vi kom hem strax före 20.00 så ringde Gilla till Jennifer och frågade om hon ville sova över. Javisst sa hon, jag ska bara packa. Sen kom hon och de tillbringade hela söndagen ihop. Det var som om de hade känt varandra hela livet. Både vi och hennes föräldrar är jätteglada att de blivit så bra kompisar. De bestämde att de även skulle vara på måndagen men det fick vi ändra eftersom vi hade glömt att Gilla skulle träffa sin kontaktperson Malin.

Nu börjar det närma sig sluttampen för Gilla och Malin. Malin ska nämligen flytta till sommaren och kan då inte vara kontaktperson längre. Jag har varit lite orolig över hur vi ska hitta en ny eftersom det är svårt att få tag på kontaktpersoner men det verkar ha löst sig. Jag frågade fritidsledaren på "Havvan" och hon ställde mer än gärna upp. Gilla blev glad över det för hon gillar Frida. Nu återstår bara att se om socialen godkänner henne men jag tror inte att det ska vara några problem.

Hab har varit på besök här hemma och vi har gått igenom vad som kan tänkas hjälpa Gilla att komma ihåg vissa saker. De ska göra ett schema som vi sätter på toa där det visar vad hon ska göra om morgnarna. Hon har ett sådant redan men det funkar inte så de ska göra ett annorlunda. Sen ska de även göra ett veckoschema där vi sätter upp allt som händer under veckan. Såsom läxor, "Havvan", gympa etcetera och Jennifer fick naturligtvis ett eget kort som vi hänger upp när de ska träffas.

Jag måste ju bara skryta. Tack vare Gillas extrafröken Marie så lyckades Gilla fixa ett MVG på sitt no-prov för ett tag sen.

För första gången på länge är Gilla sitt gamla vanliga jag. Hon har länge varit nedstämd och avig mot oss men det verkar ha vänt. Det är verkligen skönt att se hennes vanliga jag igen.

De här två åren sedan olyckan har gått väldigt snabbt och Gilla har kommit jättelångt på den här tiden. Hon har fortfarande mycket kvar men det kan bara gå åt det bättre.

Ha det bra där ute och glöm inte cykelhjälmen...
Camilla, Gilla och Lizzy

MammaMio F38 Från Ljungbyholm Så skönt att Ni är på rätt väg... Toppen Gilla!! Hoppas att Ni har vädret med Er i morgon när Ni skall ut och köra alla glada barnen från CSK. Kör lungt och lycka till.... Kramar Mio

Tors 29 maj 2008

För ett tag sen skrev jag att det var sista bloggen men nu hände lite grejor som jag tyckte kunde vara värt att skriva om.

Ju närmare skolavslutningen vi kommer desto mer deprimerad blir Gilla. Jag tror att det beror på att hon vet att Marie inte får vara kvar till hösten och att hon är ledsen över det och orolig över hur det ska bli med den nye läraren. Jag blir så förbannad på dessa j*****a politiker som inte fattar vad de ställer till med. Nu måste hab lägga mer krut på psykologhjälp än på annat som hon hade haft nytta av.

Gilla är på en liten tillbakagång och högersidan hänger inte riktigt med. Benet släpar lite och hon använder inte gärna handen. Det är synd eftersom hon hade gjort sådana framsteg.

Igår var vi i Lund på syncentralen. Där fick Gilla prova linser som gör att hon bara använder det friska ögat. Det var inte lätt att hitta någon som passade. Den hon gillade bäst var helt svart och täckte hela pupillen och irisen. Hon såg ut som en Alien. Hon ville gärna ha den men jag stoppade det för hon hade ångrat sig efter ett tag när hon hade sett hur alla reagerade. Det var så att jag hoppade till. Man såg bara något svart och det såg ut som om hon inte hade något öga utan bara ett mörkt tomrum. En lins hade en svart pupill och den skulle hon inte se något igenom men det gjorde hon ändå. De fick ta hem fler linser så vi ska tillbaks om någon månad och prova igen.

För ett tag sen var hon på förläger på Hab-villan i Lund. Det tyckte hon var jättekul för där träffade hon ungdomar i ungefär samma ålder som hade liknande skador som hon. Först var hon jättenervös för hur pass skadade de skulle vara men när hon såg några av tjejerna upptäckte hon att de såg lika normala ut som hon. När hon såg tjejerna pustade hon riktigt ut.

Det var 4 tjejer och 4 killar på lägret och det kommer att vara samma ungdomar på det stora sommarlägret sen. När vi hämtade henne träffade vi några av de andras föräldrar och vi pratade lite. Det visade sig att de hade samma problem med humör, tappade kompisar, deras barn drogs till yngre kompisar eftersom de inte hängde med i tempot etc... Det var faktiskt skönt att höra att det var likadant hos dem som hos oss. Då fattade man att det var normalt för de här barnen och att det inte var Gilla som var konstig på något sätt.

Gilla har fått ett veckoschema här hemma som ska hjälpa henne att strukturera upp veckan så att hon blir mer självständig. Det är en massa lappar med olika text och bilder på som hon ska hänga upp på respektive dag beroende på vad hon ska göra den dagen. Det kan vara; äta mellanmål, duscha, bilklubben, kompisar, mata hundarna osv. Vi får se hur det funkar med det för vi har precis börjat. Det kom av sig lite eftersom vi jättehastigt var tvungna att avliva den ena hunden på grund av sjukdom och då blev ju alla i familjen lite tagna så allt stannade av.

Kan hända att det blir fler såna här "gästspel" i bloggen beroende på vad som händer men vi får se. Annars får alla ha en trevlig sommar.

Bavaria *F40 Från Halmstad* Så trist att Gilla mår sämre... Säger som du.. djääävla politiker... Hoppas att hon kommer att trivas på lägret sen... Kraaaam! Och trevlig sommar till er med...

Sön 17 apr 2011

Så här ser läget ut fem år efter olyckan.

När Gilla började nian fick hon en ny "egen" lärare i klassen istället för Marie. Då var det inga problem för hon var i fas och fixade det. Det var hon inte året innan när det blev tal om att byta ut Marie. Den nya läraren hette Pernilla och Gilla gillade henne lika mycket som hon gillade Marie.

Gilla har börjat gymnasiet i Kristianstad där hon läser Teater. Istället för att läsa tre år (som linjen är på) ska hon läsa fyra år. Ett par gånger i veckan går hon till specialpedagogen och får extra hjälp. Förhoppningsvis kommer hon in på I-SPEC till hösten och får mer hjälp där.

Hon har fått många kompisar som tar henne för den hon är. En del vet vad hon varit med om och en del vet det inte. Gilla väljer själv om och när hon vill berätta och gör det då på sitt eget sätt.

Vi väntar även på alla läkarintyg så förhoppningsvis får hon körkortstillstånd och kan ta körkort, men vi vet inte säkert om de godkänner det. Återstår att se.

Annars är hon en rätt normal tonåring trots sina skador. Hon träffar sina nya kompisar och jag ser henne knappt på helgerna. Det är fester och killar och allt annat som lockar. Men det är verkligen skönt att se henne sådan här efter allt som varit. Hon är helt förändrad sedan hon slutade grundskolan. Från att ha varit en deprimerad liten tjej utan kompisar är hon glad och sprallig och sjuder av liv. Det kan jag tacka eleverna i den nya klassen för.

Vad gäller Gillas syster Lizzy så har livet varit rätt tufft mot henne efter olyckan, men hon har fått hjälp och håller på att ta sig ur det. Antagligen fick hon en reaktion av olyckan och allt annat som hänt och det gjorde att hon fick en depression. Jag hoppas att hon snart blir en glad och sprallig tjej igen.

Lizzy pluggar till kläddesigner i Hässleholm och bor där med under veckorna. Tyvärr ser jag knappt henne under helgerna heller.

För ca 1 ½ år sedan vaknade jag upp ur chocken som jag varit i sen olyckan. Jag tog tag i mitt liv och ändrade det radikalt. Nu känner jag att jag mår väldigt bra, men väntar fortfarande på reaktionen som inte visat sig. Det enda riktigt stora problem som jag känner att jag har, är att jag fortfarande inte klarar av när det är mycket folk och när många pratar med mig samtidigt.

Hela den här tiden från olyckan fram tills att jag vaknade upp är bara som en dimma. Frågar någon mig vad som hänt under den tiden har jag ingen aning. Tyvärr. Jag har ju lite minnesfragment naturligtvis, men inte fullt så mycket som man ska ha. Hade jag varit mitt "normala" jag hade jag inte gjort som jag gjorde med mitt liv, men nu är det som det ska vara.

Ons 3 okt 2012

Så här ser läget ut sex och ett halvt år efter olyckan.

Gilla har bytt linje och går nu andra året på Fordonsteknisk linje på Jacobsskolan i Hässleholm. Hennes dröm är att bli mc-mekaniker. Hon får mycket stöttning från skolan men nu återstår att se om hon klarar pillejobbet som ett sånt jobb innebär. Det visar sig här i tvåan. Hon har fortfarande problem med finmotoriken.

Den stora lyckan var när körkortstillståndet trillade ner i brevlådan. Hon har starka restrektioner att hon måste bära en lins som gör henne blind på höger öga eftersom hon har nedsatt syn på det och ständigt dubbelseende. Hon ska även lämna in läkarintyg med jämna mellanrum. Körningen går rätt bra och vi har varit i kontakt med en körskola i Hässleholm och förklarat läget. Hon kommer att få en lättläst bok och även göra teoriprovet muntligt.

Lizzy har tagit studenten och läser nu några ämnen på Vuxenutbildningen. Hennes dröm i framtiden är att öppna egen syateljé. Hon har börjat renovera ett rum i vår länga där hon ska ha sin ateljé. I somras sydde hon en brudklänning till en av sina gamla klasskompisar som skulle gifta sig. När Lizzy tog studenten flyttade hon hem igen efter att ha bott borta i tre år och är nu nästan tillbaks till att

vara den glada och spralliga tjej som hon var innan olyck-
an.

Sommaren 2011 satte jag mig ner och började sätta ihop
manuset till boken. Det var första gången jag läste allt jag
skrev under den tiden. Det var tufft och reaktionen som
jag har väntat på kom. Som tur var, var Lizzy hemma och
stöttade mig och hjälpte mig igenom hela den processen. I
dagsläget mår jag bra igen men jag vågar inte läsa om allt
jag skrivit.

Sön 14 feb 2016

Om några månader är det 10 år sedan olyckan så nu är det väl läge att äntligen släppa boken som jag haft i tankarna så många år. Mycket har hänt och jag är mycket imponerad över båda mina tjejer som har lyckats resa sig så mycket efter allt som hänt.

Gilla gick ut gymnasiet med både slutbetyg och bilmekanikercertifikat men har bestämt sig för att hon inte vill jobba med det.

Hon har praktiserat som bildlärare på sin gamla skola (Mjällby) och har även hoppat in som lärarvikarie ett par gånger. I höstas bestämde hon sig för att läsa in högskolebehörigheten via Vuxenutbildningen, men hoppade av efter en termin. Hon klarade inte av tempot trots att hon skulle läsa 3 ämnen istället för 4 som är normalt, på två terminer istället för på en. Början av terminen gick jättebra men ju längre in på hösten det gick, desto tröttare blev hon och tillslut gick det inte mer.

Gilla fick sitt efterlängtade körkort och det är en stor befrielse för henne att kunna sätta sig i bilen och köra var hon vill. Hon började övningsköra bil med manuell växellåda men bytte till att köra med automatlåda istället. Det blev lite för mycket att hålla reda på allt med växlar, pedaler och trafik. Fast idag är det många som tar körkort

för bil med automatlåda så hon är inte ensam om det. ☺
Hon är så stolt när hon packar in sina båda hundar Pebbles och Vitani (båda är Shetland Sheepdog) i bilen och kör iväg någonstans.

Nu gäller det bara att hitta ett jobb som hon trivs med och klarar av. Det återstår att se vad som händer där.

Lizzy har fått lite timmar på Skofabriken i Sölvesborg. Där hjälper hon andra ungdomar med sömnad och sådant. Hon får även hoppa in som vikarie på fritidsgårdarna om det behövs. Drömmen är ju att hon ska få ett riktigt jobb så hon kan klara sig själv.

Vad gäller mig så får jag fortfarande flashbacks men inte lika ofta som innan. Förhoppningsvis ska de väl avta helt i framtiden.

Vi vill passa på att tacka alla som har köpt boken och lyckats ta sig igenom den. Hoppas ni har haft något ut av den. ☺

Skrivet av Anna G, 14 år

en dikt om gilla

Tis 4 jul 2006

denna diketn är till gilla

Gilla varför skulle just detta hände dig

varför kunde det inte hända non annan

alla hoppas att du snart blir bra

men det hoppas även jag

du ska bara veta att alla tycker om dig

men de vet att du är mer omtyckt hos din familj

alla vill att du ska vara trygg

men vi vet att du är tryggast hos din familj

GILLA DU SKA VETA EN SAK ATT JAG
TÄNKER PÅ DIG HELA TIDEN KAN INTE SLUTA
ATT TÄNKA PÅ DIG

Skrivet av Jonas, 15 år

GILLA

Tors 27 jul 2006

Det finns en tjej som jag tycker är värd guld allså det är GILLA hon är så tuff och det är en

brud me kraft som ingen annan mänska har allså hon va me om en olycka och hon är redan så

stark att hon kan gå och hennes leende och flörtande är så man faller pladask rakt ner på knä

och bara smälter för det finns ingen brud me den tuffheten och den inställnigen och så positiv

hon är det går inte att beskriva , sitter och skakar nu när jag skriver för jag är så glad för

hennes skulle att hon är den hon är hihi... Ha det bra me er alla,,

mammarulle F34 Från Helsingborg, såå finnt..